CANTIQUES

CHOISIS

A L'USAGE DES MISSIONS

ET DES RETRAITES.

RECUEIL ÉGALEMENT PROPRE AUX PAROISSES
ET AUX MAISONS D'ÉDUCATION.

VINGT-UNIÈME ÉDITION, CORRIGÉE ET AUGMENTÉE.

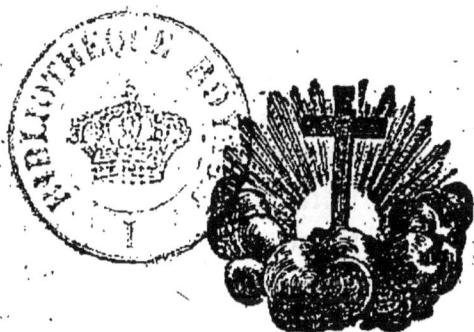

A LYON,

GIBERTON ET BRUN, LIBRAIRES,

petite rue Mercière, 7.

—

AVEC APPROBATION DES SUPÉRIEURS.

1845

PROPRIÉTÉ.

AVIS.

Les numéros des Cantiques renvoient au Recueil
d'airs notés, qui se vend :

Broché, ... » fr. 75 c.

Relié propre, avec les Cantiques. . 1   75 c.

Nota. Ce Recueil contient un grand nombre d'airs
notés, dont plusieurs sont nouveaux et ne se trouvent
dans aucun recueil de Cantiques.

LYON. — IMPRIMERIE DE NIGON, RUE CHALAMONT, 5.

MÉTHODE
POUR ENTENDRE LA SAINTE MESSE.

AVANT LA MESSE.

Quand le Prêtre sort de la Sacristie.

Je me présente, ô mon adorable Sauveur, devant vos
saints autels, pour assister à votre divin Sacrifice.
Faites que, par mon attention et par ma ferveur, j'en
retire tout le fruit que vous souhaitez. Daignez sup-
pléer par votre grâce aux dispositions qui me man-
quent. Par le mérite de votre passion, qui va se
renouveler sur cet autel, effacez tous les péchés et
toutes les souillures que vous voyez en moi.

Permettez-moi, ô divin Jésus, d'unir mes inten-
tions aux vôtres. Donnez-moi les sentiments dont
j'aurais dû être pénétré si j'avais été témoin de votre
immolation sur la croix.

Trinité sainte, Père, Fils et Saint-Esprit, Dieu seul
en trois personnes, je vous offre ce saint sacrifice,
1° pour rendre à votre souveraine Majesté l'hommage
qui lui est dû; 2° pour vous remercier de tous vos
bienfaits; 3° pour l'expiation de mes péchés et de tous
les péchés du monde; 4° pour obtenir toutes les grâces dont j'ai besoin.

AU COMMENCEMENT DE LA MESSE.

Quand le Prêtre monte à l'Autel.

Mon Dieu, je ne mérite pas de paraître en votre
sainte présence; ce que je mériterais, ce serait d'être
à jamais séparé de vous, à cause de mes iniquités qui
sont sans nombre. Si j'ose me présenter dans votre
saint temple, ce n'est que pour les déplorer et pour
vous conjurer, comme le Publicain de l'Evangile, de
m'en accorder le pardon.

AU CONFITEOR.

Pour connaître mes péchés, ô mon Dieu! vous n'a-
vez pas besoin que je vous les révèle, vous les con-

naissez bien autrement que je ne les connaîtrai jamais. Vous lisez dans mon cœur toutes mes iniquités. Néanmoins, pour m'humilier davantage, je vous les confesse toutes à la face du ciel et de la terre. J'avoue que je vous ai grièvement offensé par pensées, par paroles et par actions, et que j'ai mérité votre indignation, par ma faute, par ma faute, par ma très grande faute. Ayez pitié de ma misère, selon votre grande miséricorde. Souvenez-vous que je suis l'ouvrage de vos mains et le prix de votre sang.

Charitable Marie, refuge des pécheurs, intercédez pour moi. Anges du ciel, Saints et Saintes du Paradis, demandez grâce pour moi, et obtenez-moi pardon et miséricorde.

A L'INTROÏT ET AU KYRIE, ELEISON.

Je sens naître en moi, ô mon Dieu, une douce espérance de mon salut, en voyant votre ministre s'approcher avec confiance du saint autel et baiser avec respect le lieu où reposent les reliques de vos Saints. Accordez-moi, par leur intercession, une crainte filiale de vous déplaire et un désir sincère de faire en tout votre sainte volonté.

Quand je vous dirais à tous les moments de ma vie : Seigneur, ayez pitié de moi, Seigneur, ayez compassion de ma misère, ce ne serait pas encore assez pour le nombre et pour l'énormité de mes offenses.

AU GLORIA IN EXCELSIS.

Divin Jésus, béni soit à jamais le moment heureux où vous avez daigné paraître dans le monde. Que toute la Cour céleste vous loue et vous glorifie éternellement d'avoir bien voulu prendre un corps et une ame comme les nôtres, dans le sein immaculé de votre bienheureuse Mère. Hélas ! sans cet excès de charité, nous étions à jamais perdus. Faites, ô divin Sauveur des ames ! que nous jouissions sur la terre de la paix que vous y avez apportée, et que nous méritions de vous voir dans le ciel, de vous bénir, de vous aimer sans fin, vous qui êtes le Saint, le seul Seigneur, le seul Très-Haut, avec le Père et le Saint-Esprit, dans tous les siècles des siècles. Ainsi soit-il.

AUX ORAISONS.

Accordez-nous, Seigneur, par l'intercession de la Sainte Vierge et des Saints que nous honorons, toutes les grâces que votre Ministre vous demande pour lui et pour nous. M'unissant à lui, je vous fais la même prière pour ceux et celles pour lesquels je suis obligé de prier; et je vous demande, Seigneur, pour eux et pour moi, tous les secours que vous savez nous être nécessaires, afin d'obtenir la vie éternelle, au nom de J. C. N. S. Ainsi soit-il.

A L'ÉPÎTRE.

Mon Dieu, vous m'avez appelé à la connaissance de votre sainte loi préférablement à tant de peuples qui vivent dans l'ignorance de vos mystères. Je l'accepte de tout mon cœur, cette divine loi; et j'écoute avec respect les oracles sacrés que vous avez prononcés par la bouche de vos prophètes. Je les révère avec toute la soumission qui est due à la parole d'un Dieu; j'en vois l'accomplissement avec toute la joie de mon ame.

Que n'ai-je pour vous, ô mon Dieu! un cœur semblable à celui des Saints de votre ancien Testament! Que ne puis-je vous désirer avec l'ardeur des patriarches, vous connaître et vous révérer comme les Prophètes, vous aimer et m'attacher uniquement à vous comme les Apôtres!

Quand le Prêtre se prépare à lire l'Évangile.

Disposez mon cœur, ô mon Dieu! à profiter des vérités contenues dans votre saint Evangile. Vous avez les paroles de la vie éternelle. Malheur à moi, si le respect humain était jamais capable de me faire transgresser vos saintes lois. Vous avez menacé de rougir devant votre Père de celui qui aura rougi de vous devant les hommes. Placez donc, Seigneur, votre saint Evangile sur mon front, afin que je me glorifie de le pratiquer; placez-le sur mes lèvres, afin que j'en fasse le sujet de mes plus doux entretiens; placez-le dans mon cœur, afin que je le pratique par amour.

A L'ÉVANGILE.

Me voici debout, ô mon souverain Maître! pour vous marquer que je suis prêt à vous obéir en tout ce que vous me commanderez. Parlez, Seigneur, votre serviteur écoute. Que voulez-vous de moi? que je sois doux et humble de cœur.... que je me renonce moi-même.... que je cherche le royaume de Dieu et sa justice, et vous m'assurez que le reste me sera donné par surcroît.... que je pardonne de bon cœur, pour l'amour de vous, à tous ceux qui m'ont offensé.... que je me fasse violence pour entrer dans le royaume des cieux... Voilà ce que vous m'enseignez, voilà ce que je crois. Mais que ma conduite est éloignée de ma croyance! je crois, et je vis comme si je ne croyais pas, ou comme si je croyais un Evangile contraire au vôtre. Inspirez-moi, mon Dieu, le courage de pratiquer ce que je crois; à vous, Seigneur, en reviendra toute la gloire.

AU CREDO.

Oui, mon Dieu, je crois toutes les vérités que vous avez révélées à notre mère la sainte Eglise Catholique, Apostolique et Romaine. Il n'y en a pas une pour laquelle je ne sois prêt à donner ma vie. C'est dans cette soumission entière de cœur et d'esprit que je fais devant vous la même profession de foi que votre Ministre prononce au nom de tous les fidèles. Je vous remercie de la grâce inestimable que vous m'avez faite en m'appelant à la lumière admirable de votre saint Evangile. Je renouvelle l'alliance solennelle que j'ai contractée avec vous dans le saint baptême et je renonce de nouveau à Satan, à ses pompes et à ses œuvres.

A L'OFFERTOIRE.

Père infiniment Saint, Dieu tout-puissant et éternel, quelque indigne que je sois de paraître devant vous, j'ose vous présenter, par les mains du Prêtre, ce pain et ce vin qui vont être changés au corps et au sang de Jésus-Christ, avec l'intention qu'a eue ce divin Sauveur lorsqu'il institua ce Sacrifice, et qu'il a eue encore au moment où il s'est immolé pour moi.

Je vous l'offre pour reconnaître votre souverain domaine sur moi et sur toutes les créatures; je vous l'offre pour l'expiation de mes péchés et en actions de grâces de tous les bienfaits dont vous m'avez comblé.

Je vous l'offre enfin, mon Dieu, cet auguste Sacrifice, afin d'obtenir de votre infinie bonté, pour moi, pour mes parents, pour mes bienfaiteurs, mes amis et mes ennemis, ces grâces précieuses de salut qui ne peuvent nous être accordées qu'en vue des mérites de celui qui est le juste par excellence et qui s'est fait victime de propitiation pour tous.

AU LAVABO.

Lavez-moi, Seigneur, dans le sang de l'Agneau divin qui va vous être immolé, et purifiez jusqu'aux moindres souillures de mon ame, afin qu'en approchant de votre saint autel je puisse élever vers vous des mains pures et innocentes, comme vous me l'ordonnez.

A LA PRÉFACE.

Voici l'heureux moment où le Roi des anges et des hommes va paraître. Seigneur, remplissez-moi de votre esprit : que mon cœur, dégagé de la terre, ne pense qu'à vous. Quelle obligation n'ai-je pas de vous bénir et de vous louer en tout temps et en tout lieu, Dieu du ciel et de la terre, Maître infiniment grand, Père tout-puissant et éternel !

Rien n'est plus juste, rien n'est plus avantageux que de nous unir à Jésus-Christ pour vous adorer continuellement. C'est par lui que tous les Esprits bienheureux rendent leurs hommages à votre Majesté ; c'est par lui que toutes les Vertus du Ciel, saisies d'une frayeur respectueuse, s'unissent pour vous glorifier. Souffrez, Seigneur, que nous joignons nos faibles louanges à celles de ces saintes intelligences, et que de concert avec elles, nous disions dans un transport de joie et d'admiration :

AU SANCTUS.

Saint, Saint, Saint est le Seigneur, le Dieu des armées. Tout l'univers est rempli de sa gloire. Que les Bienheureux le bénissent dans le Ciel ! Béni soit celui qui vient à nous sur la terre, Dieu et Seigneur comme celui qui l'envoie !

PENDANT LE CANON.

Je vous conjure, au nom de Jésus-Christ votre Fils et notre Seigneur, ô Père infiniment miséricordieux !

d'avoir pour agréable et de bénir l'offrande que je vous présente, afin qu'il vous plaise conserver, défendre et gouverner votre sainte Église Catholique avec tous les membres qui la composent, le Pape, notre Evêque, notre Roi, et généralement tous ceux qui font profession de votre sainte foi.

Je vous recommande en particulier, Seigneur, ceux pour qui la justice, la reconnaissance et la charité m'obligent de prier, tous ceux qui sont présents à cet adorable Sacrifice, et singulièrement N. et N., afin, grand Dieu, que mes hommages vous soient plus agréables, je m'unis à la glorieuse Marie toujours Vierge, Mère de notre Dieu et Seigneur Jésus-Christ, à tous vos Apôtres, à tous les bienheureux Martyrs, à tous les Saints et Saintes du Paradis.

Que n'ai-je en ce moment, ô mon Dieu, les désirs enflammés avec lesquels les saints Patriarches souhaitaient la venue du Messie! que n'ai-je leur foi et leur amour? Venez, Seigneur Jésus, venez, aimable Rédempteur du monde, venez accomplir un mystère qui est l'abrégé de toutes vos merveilles. Il vient, cet Agneau de Dieu, voici l'adorable Victime par qui tous les péchés du monde sont remis.

A L'ÉLÉVATION.

Verbe incarné, divin Jésus, vrai Dieu et vrai homme, je crois que vous êtes ici présent : je vous y adore avec humilité ; je vous aime de tout mon cœur, et comme vous y venez pour l'amour de moi, je me consacre entièrement à vous.

J'adore ce sang précieux que vous avez répandu pour tous les hommes, et j'espère, ô mon Dieu! que vous ne l'aurez pas versé inutilement pour moi. Faites-moi la grâce de m'en appliquer les mérites. Je vous offre ma vie, aimable Jésus, en reconnaissance de cette charité infinie que vous avez eue de donner la vôtre pour l'amour de moi.

SUITE DU CANON.

Contemplez affectueusement votre Sauveur sur l'autel ; méditez les mystères qu'il y renouvelle ; unissez le sacrifice de votre cœur à celui de son Corps ; offrez-le à Dieu son

Père ; suppliez-le d'accepter les prières que ce cher Fils fait pour vous, et priez vous-même pour les autres.

Quelles seraient donc désormais ma malice et mon ingratitude si, après avoir vu ce que je vois, je consentais à vous offenser! Non, mon Dieu, je n'oublierai jamais ce que vous me représentez par cette auguste cérémonie : les souffrances de votre passion, la gloire de votre Résurrection, votre Corps tout déchiré, votre Sang répandu pour nous, réellement présent à mes yeux sur cet autel.

C'est maintenant, éternelle Majesté, que je puis vous offrir véritablement et promptement la Victime pure, sainte et sans tache qu'il vous a plu de nous donner vous-même, et dont toutes les autres n'étaient que la figure. Oui, grand Dieu, j'ose vous le dire, il y a ici plus que tous les sacrifices d'Abel, d'Abraham et de Melchisédech, la seule Victime digne de votre autel, Notre-Seigneur Jésus-Christ, votre Fils, l'unique objet de vos éternelles complaisances.

Que tous ceux qui ont le bonheur de participer à cette Victime sacrée soient remplis de sa bénédiction.

Que cette bénédiction se répande, ô mon Dieu! sur les âmes des fidèles qui sont morts dans la paix de l'Eglise, et particulièremeot sur l'âme de N. et de N. Accordez-leur, Seigneur, en vue de ce Sacrifice, la délivrance entière de leurs peines.

Daignez m'accorder un jour cette grâce à moi-même, Père infiniment bon, et faites-moi entrer en société avec les saints Apôtres, les saints Martyrs et tous les Saints, afin qu'ensemble nous puissions vous aimer et glorifier éternellement avec eux.

AU PATER NOSTER.

Que je suis heureux, ô mon Dieu, de vous avoir pour Père! que j'ai de joie de songer que le Ciel où vous êtes doit être un jour ma demeure! Que votre saint Nom soit glorifié par toute la terre. Régnez absolument sur tous les cœurs et sur toutes les volontés. Accordez à vos enfants la nourriture spirituelle et corporelle. Nous pardonnons de bon cœur, pardonnez-nous, soutenez-nous dans les tentations et dans les maux de cette misérable vie; mais préservez-nous du péché, le plus grand de tous les maux. Ainsi soit-il.

À L'AGNUS DEI.

Agneau de Dieu, qui avez bien voulu vous charger des péchés du monde, ayez pitié de moi. Victime adorable de mon salut, sauvez-moi. Divin et tout-puissant médiateur, obtenez-moi la paix avec votre Père, avec moi-même et avec mon prochain.

À LA COMMUNION.

Pour communier spirituellement, renouvelez par un acte de foi le sentiment que vous avez de la présence de Jésus-Christ; formez un acte de contrition; excitez dans votre cœur un désir ardent de le recevoir avec le Prêtre; priez-le qu'il agrée ce désir et qu'il s'unisse à vous en vous communiquant ses grâces.

Qu'il me serait doux, ô mon aimable Sauveur! d'être du nombre de ces heureux chrétiens, à qui la pureté de conscience et une tendre piété permettent d'approcher tous les jours de votre sainte Table!

Quel avantage pour moi si je pouvais en ce moment vous posséder dans mon cœur, vous y rendre mes hommages, vous y exposer mes besoins et participer aux grâces que vous faites à ceux qui vous reçoivent réellement! Mais, puisque j'en suis très indigne, suppléez, ô mon Dieu! à l'indisposition de mon ame. Pardonnez-moi tous mes péchés, je les déteste de tout mon cœur parce qu'ils vous déplaisent. Recevez le désir sincère que j'ai de m'unir à vous. Purifiez-moi d'un seul de vos regards, et mettez-moi en état de vous bien recevoir au plus tôt.

En attendant cet heureux jour, je vous conjure, Seigneur, de me faire participant des fruits que la communion du Prêtre doit produire sur tout le peuple fidèle qui y est présent. Augmentez ma foi par la vertu de ce divin Sacrement; fortifiez mon espérance, épurez en moi la charité, remplissez mon cœur de votre amour, afin qu'il ne respire plus que vous et ne vive plus que pour vous.

AUX DERNIÈRES ORAISONS.

Vous venez, ô mon Dieu ! de vous immoler pour mon salut ! je veux me sacrifier pour votre gloire. Je suis votre victime, ne m'épargnez point. J'accepte de bon cœur toutes les croix qu'il vous plaira de m'envoyer, et je les bénis ; je les reçois de votre main, et je les unis à la vôtre.

J'ai assisté, ô mon Sauveur ! à votre divin Sacrifice ; vous m'y avez comblé de vos faveurs. Je fuirai avec horreur les moindres taches du péché, surtout de celui où mon penchant m'entraîne avec plus de violence : je serai fidèle à votre loi, et je suis résolu de tout perdre et de tout souffrir plutôt que de la violer.

A LA BÉNÉDICTION.

Bénissez, ô mon Dieu ! ces saintes résolutions ! Bénissez-nous tous par la main de votre Ministre, et que les effets de votre bénédiction demeurent éternellement sur nous. Au nom du Pere et du Fils et du Saint-Esprit. Ainsi soit-il.

AU DERNIER ÉVANGILE.

Verbe divin, Fils unique du Père, lumière du monde, venue du Ciel pour nous en montrer le chemin, ne permettez pas que je ressemble à ce peuple infidèle qui a refusé de vous reconnaître pour le Messie ; ne souffrez pas que je tombe dans le même aveuglement que ces malheureux qui ont mieux aimé devenir esclaves de Satan que d'avoir part à la glorieuse adoption d'enfant de Dieu que vous veniez leur procurer.

Verbe fait chair, je vous adore avec le respect le plus profond ; je mets toute ma confiance en vous seul, espérant fermement que, puisque vous êtes mon Dieu, et un Dieu qui s'est fait homme afin de sauver les hommes, vous m'accorderez les grâces nécessaires pour me sanctifier et vous posséder éternellement dans le Ciel.

PRIÈRE APRÈS LA MESSE.

Seigneur, je vous remercie de la grâce que vous m'avez faite en me permettant aujourd'hui d'assister au Sacrifice de la sainte Messe, préférablement à tant d'autres qui n'ont pas eu le même bonheur, et je vous demande pardon de toutes les fautes que j'ai commises par la dissipation et la langueur où je me suis laissé aller en votre présence. Que ce sacrifice, ô mon Dieu ! me purifie pour le passé et me fortifie pour l'avenir !

Je vais présentement avec confiance aux occupations où votre volonté m'appelle. Je me souviendrai toute cette journée de la grâce que vous venez de me faire, et je tâcherai de ne laisser échapper aucune parole, aucune action, de ne former aucun désir, aucune pensée qui me fasse perdre le fruit de la Messe que je viens d'entendre. C'est ce que je me propose avec le secours de votre sainte grâce. Ainsi-soit-il.

VÊPRES DU DIMANCHE.

PSAUME 109.

Dixit Dominus Domino meo : * Sede à dextris meis.
Donec ponam inimicos tuos scabellum pedum tuorum

Virgam virtutis tuæ, emittet Dominus ex Sion : * dominare in medio inimicorum tuorum.

Tecum principium in die virtutis tuæ, in splendoribus Sanctorum : * ex utero ante luciferum genui te.

Juravit Dominus, et non pœnitebit eum : * tu es Sacerdos in æternùm secundùm ordinem Melchisedech.

Dominus à dextris tuis : * confregit in die iræ suæ reges.

Judicabit in nationibus, implebit ruinas : * conquassabit capita in terra multorum.

De torrente in via bibet ; * proptereà exaltabit caput.

Gloria Patri, etc.

PSAUME 110.

Confitebor tibi, Domine, in toto corde meo : * in concilio justorum et congregatione.

Magna opera Domini : * exquisita in omnes voluntates ejus.

Confessio et magnificentia opus ejus : * et justitia ejus manet in seculum seculi.

Memoriam fecit mirabilium suorum misericors et miscrator Dominus : * escam dedit timentibus se.

Memor erit in seculum testamenti sui : * virtutem operum suorum annuntiabit populo suo.

Ut det illis hæreditatem gentium : * opera manuum 'jus veritas et judicium.

Fidelia omnia mandata ejus, confirmata in secu- 1m seculi, * facta in veritate et æquitate.

Redemptionem misit populo suo : * mandavit in æternum testamentum suum.

Sanctum et terribile nomen ejus : * initium sapien- 'iæ timor Domini.

Intellectus bonus omnibus facientibus eum : * lau- ,atio ejus manet in seculum seculi.

Gloria Patri, etc.

<h3 style="text-align:center">PSAUME 111.</h3>

Beatus vir qui timet Dominum : * in mandatis ejus volet nimis.

Potens in terra erit semen ejus : * generatio recto- rum benedicetur.

Gloria et divitiæ in domo ejus, * et justitia ejus manet in seculum seculi.

Exortum est in tenebris lumen rectis, * misericors, t miserator et justus.

Jucundus homo qui miseretur et commodat, dis- ponet sermones suos in judicio : * quia in æternum non commovebitur.

In memoria æterna erit justus ; * ab auditione mala non timebit.

Paratum cor ejus sperare in Domino, confirmatum st cor ejus : * non commovebitur donec despiciat ini- micos suos.

Dispersit, dedit pauperibus ; * justitia ejus manet in seculum seculi : cornu ejus exaltabitur in gloria.

Peccator videbit et irascetur, dentibus suis fremet et tabescet : * desiderium peccatorum peribit.

Gloria Patri, etc.

<h3 style="text-align:center">PSAUME 112.</h3>

Laudate, pueri, Dominum : * laudate nomen Domini.

Sit nomen Domini benedictum, * ex hoc nunc et usque in seculum.

A solis ortu usque ad occasum, * laudabile nomen Domini.

Excelsus super omnes gentes Dominus, * et super cœlos gloria ejus.

Quis sicut Dominus Deus noster, qui in altis habitat, * et humilia respicit in cœlo et in terra?

Suscitans à terra inopem, * et de stercore erigens pauperem:

Ut collocet eum cum principibus, * cum principibus populi sui.

Qui habitare facit sterilem in domo * matrem filiorum lætantem.

Gloria Patri, etc.

PSAUME 113.

In exitu Israel de Ægypto, * domus Jacob de populo barbaro.

Facta est Judæa sanctificatio ejus, * Israel potestas ejus.

Mare vidit et fugit, Jordanis conversus est retrorsùm.

Montes exultaverunt ut arietes, * et colles sicut agni ovium.

Quid est tibi, mare, quod fugisti? * et tu, Jordanis, quia conversus es retrorsùm.

Montes exultastis sicut arietes? et colles sicut agni ovium?

A facie Domini mota est terra, * à facie Dei Jacob.

Qui convertit petram in stagna aquarum, * et rupem in fontes aquarum.

Non nobis, Domine, non nobis, * sed nomini tuo da gloriam super misericordia tua et veritate tua.

Nequando dicant gentes: * Ubi est Deus eorum?

Deus autem noster in cœlo: * omnia quæcumque voluit, fecit.

Simulacra gentium argentum et aurum, * opera manuum hominum.

Os habent, et non loquentur; * oculos habent, et non videbunt.

Aures habent, et non audient; * nares habent, et non odorabunt.

Manus habent, et non palpabunt; pedes habent, et non ambulabunt; * non clamabunt in gutture suo.

Similes illis fiant qui faciunt ea, * et omnes qui confidunt in eis.

Domus Israel speravit in Domino : * adjutor eorum et protector eorum est.

Domus Aaron speravit in Domino ; * adjutor eorum et protector eorum est.

Qui timent Dominum speraverunt in Domino : * adjutor eorum et protector eorum est.

Dominus memor fuit nostri, * et benedixit nobis.

Benedixit domui Israel; * benedixit domui Aaron.

Benedixit omnibus qui timent Dominum, * pusillis cum majoribus.

Adjiciat Dominus super vos, * super vos et super filios vestros.

Benedicti vos à Domino, * qui fecit cœlum et terram.

Cœlum cœli Domino, * terram autem dedit filiis hominum.

Non mortui laudabunt te, Domine, * neque omnes qui descendunt in infernum.

Sed nos qui vivimus, benedicimus Domino, * ex hoc nunc et usque in seculum. — Gloria, etc.

CANTIQUE DE LA SAINTE-VIERGE.

Magnificat * anima mea Dominum.

Et exultavit spiritus meus, * in Deo salutari meo.

Quia respexit humilitatem ancillæ suæ : * ecce enim ex hoc beatam me dicent omnes generationes.

Quia fecit mihi magna qui potens est, * et sanctum nomen ejus.

Et misericordia ejus à progenie in progenies, * timentibus eum.

Fecit potentiam in brachio suo : * dispersit superbos mente cordis sui.

Deposuit potentes de sede, * et exaltavit humiles.

Esurientes implevit bonis, * et divites dimisit inanes.

Suscepit Israel puerum suum; * recordatus misericordiæ suæ.

Sicut locutus est ad patres nostros, * Abraham et semini ejus in secula. — Gloria Patri, etc.

HYMNE DU SAINT SACREMENT.

Pange, lingua, gloriosi
Corporis mysterium,
Sanguinisque pretiosi,
Quem in mundi pretium,
Fructus ventris generosi,
Rex effudit gentium.

Nobis datus, nobis natus
Ex intacta Virgine,
Et in mundo conversatus,
Sparso verbi semine,
Sui moras incolatûs
Miro clausit ordine.

In supremæ nocte cœnæ
Recumbens cum fratribus,
Observata lege plenè,
Cibis in legalibus,
Cibum turbæ duodenæ
Se dat suis manibus.

Verbum caro, panem verum,
Verbo carnem efficit,

Fitque Sanguis Christi merum;
Et si sensus deficit,
Ad firmandum cor sincerum
Sola fides sufficit.

Tantum ergo sacramentum
Veneremur cernui,
Et antiquum documentum
Novo cedat ritui:
Præstet fides supplementum
Sensuum defectui.

Genitori, Genitoque,
Laus et jubilatio;
Salus, honor, virtus quoque,
Sit et benedictio:
Procedenti ab utroque
Compar sit laudatio. Amen.

V. Panem de cœlo præstitisti eis.

R. Omne delectamentum in se habentem.

HYMNE.

Veni, Creator Spiritus,
Mentes tuorum visita,
Imple superna gratia
Quæ tu creasti pectora.

Qui Paracletus diceris,
Donum Dei altissimi,
Fons vivus, ignis, caritas,
Et spiritalis unctio.

Tu septiformis munere,
Dextræ Dei tu digitus,
Tu ritè promissum Patris,
Sermone ditans guttura.

Ascende lumen sensibus,
Infunde amorem cordibus,
Infirma nostri corporis,

Virtute firmans perpeti.

Hostem repellas longiùs,
Pacemque dones protinùs,
Ductore sic te prævio,
Vitemus omne noxium.

Per te sciamus da Patrem,
Noscamus atque Filium:
Te utriusque Spiritum
Credamus omni tempore.

Sit laus Patri, laus Filio;
Par sit tibi laus, Spiritus,
Afflante quo mentes sacris
Lucent et ardent ignibus.
Amen.

CANTIQUE.

Te Deum laudamus , * te Dominum confitemur.

Te æternum Patrem * omnis terra veneratur.

Tibi omnes Angeli,* tibi cœli et universæ potestates,

Tibi Cherubim et Seraphim * incessabili voce proclamant :

Sanctus, Sanctus, Sanctus, Dominus, * Deus sabaoth.

Pleni sunt cœli et terra * majestatis gloriæ tuæ.

Te gloriosus * Apostolorum chorus,

Te Prophetarum * laudabilis numerus,

Te martyrum candidatus * laudat exercitus.

Te per orbem terrarum * sancta confitetur Ecclesia,

Patrem * immensæ majestatis,

Venerandum tuum verum * et unicum Filium,

Sanctum quoque * paracletum Spiritum.

Tu Rex gloriæ, * Christe !

Tu Patris * sempiternus es Filius.

Tu, ad liberandum suscepturus hominem, * non horruisti Virginis uterum.

Tu, devicto mortis aculeo, * aperuisti credentibus regna cœlorum.

Tu ad dexteram Dei sedes , * in gloria Patris.

Judex crederis * esse venturus.

Te ergo, quæsumus, famulis tuis subveni, * quos pretioso sanguine redemisti.

Æterna fac * cum Sanctis tuis in gloria numerari.

Salvum fac populum tuum, Domine, * et benedic hæreditati tuæ,

Et rege eos, * et extolle illos usque in æternum.

Per singulos dies * benedicimus te.

Et laudamus nomen tuum in seculum, * et in seculum seculi.

Dignare, Domine, die isto, * sine peccato nos custodire.

Miserere nostri, Domine, * miserere nostri.

Fiat misericordia tua, Domine, super nos; * quemadmodùm speravimus in te.

In te, Domine, speravi, * non confundar in æternum.

PRIÈRE DE S. FRANÇOIS-XAVIER.

Pour la Conversion des pécheurs pendant la Mission.

O Dieu éternel ! créateur de toutes choses, souvenez-vous que les ames des pécheurs sont l'ouvrage de vos mains, et que c'est à votre ressemblance qu'elles ont été formées. Voilà, Seigneur, que tous les jours l'enfer s'en remplit à la honte de votre nom. Souvenez-vous que J.-C. votre Fils a souffert pour leur salut une

mort très cruelle; ne permettez plus, je vous supplie,
qu'il soit méprisé par ses enfants rebelles. Laissez-
vous fléchir par les prières de vos fidèles et de l'Eglise,
la très sainte épouse de votre Fils; souvenez-vous de
votre miséricorde; oubliez, Seigneur, leur infidélité,
et faites en sorte qu'ils reconnaissent aussi enfin pour
leur Dieu et qu'ils servent fidèlement N. S. J.-C., que
vous avez envoyé au monde et qui est notre salut,
notre vie, notre résurrection, par lequel nous avons
été délivrés de l'enfer, et à qui soit la gloire durant les
siècles des siècles. Ainsi soit-il. *Pater.*

PRIÈRE A LA SAINTE VIERGE.

O Vierge sainte! rompez les fers des pécheurs et
éclairez-les dans leur aveuglement. Dissipez tous nos
maux; obtenez de votre divin Fils qu'il nous comble
de tout bien véritable; offrez-lui nos vœux et nos
prières; faites-nous les objets de votre tendresse, puisque c'est dans votre chaste sein que s'accomplit le
mystère qui nous rendit parfaitement heureux. Ainsi
soit-il. *Ave Maria.*

LA MISSION

Est un secours que Dieu vous envoie, parce qu'il
vous aime.

Elle vous rappellera que vous avez un Dieu à servir,
une ame à sauver, un enfer à éviter, un ciel à gagner.

Dieu veut y donner la paix à votre cœur agité; il
veut vous pardonner surtout ces péchés dont le souvenir vous déchire.

Venez y recevoir cette paix et ce pardon.

Dieu vous demande d'assister aux exercices de la
Mission, d'y apporter un cœur droit et sincère: dans
sa miséricorde il fera le reste.

PRIÈRE pour demander la victoire de ses passions.

O mon Dieu! Père des miséricordes, qui ne voulez
pas la mort du pécheur, mais sa conversion, ne permettez pas que je sois plus longtemps assujéti à mes
passions criminelles. Aidez-moi à les vaincre; soute-
nez-moi dans les combats que je suis obligé de me
livrer à moi-même.

Vous connaissez, Seigneur, et ma faiblesse et la force de mes ennemis. Témoin de mes misères, vous les voyez à tout moment ; la colère m'emporte, l'orgueil m'enfle, le ressentiment m'aigrit, l'esprit impur s'empare de moi, une humeur chagrine me rend insupportable ; la tiédeur et l'indolence me font négliger mes devoirs, l'amour-propre empoisonne toutes mes actions. O mon Dieu ! je désavoue et je déteste tous ces égarements ; c'en est fait, je veux renoncer au péché, résister à mes passions, rompre toutes mes habitudes criminelles. C'est en votre nom, Dieu tout-puissant, que je prends les armes ; c'est aussi en votre nom que j'espère remporter la victoire, par Jésus-Christ Notre-Seigneur, qui vit et règne dans les siècles des siècles. Ainsi soit-il.

PRIÈRE de S. Bernard à la Ste Vierge.

Souvenez-vous, ô Vierge toute pleine de bonté, que jusqu'à ce jour on n'a point entendu dire qu'aucun de ceux qui se sont mis sous votre protection, qui ont réclamé votre intercession et imploré votre secours, ait jamais été abandonné. Animé des mêmes motifs de confiance, ô Vierge des Vierges, ô ma Mère, moi aussi, tout pécheur que je suis, j'accours me réfugier auprès de vous, je viens en gémissant me prosterner à vos pieds. O Mère de mon Dieu ! ne dédaignez pas ma prière, mais soyez-moi propice et daignez l'exaucer. Ainsi soit-il.

PRIÈRE au saint Ange Gardien.

O saint Ange que Dieu, par un effet de sa bonté pour moi, a chargé du soin de ma conduite, vous qui m'assistez dans mes besoins, qui me consolez dans mes afflictions, qui me soutenez dans mes découragements et qui m'obtenez sans cesse de nouvelles faveurs, je vous rends de très humbles actions de grâces, et je vous conjure, aimable protecteur, de me continuer vos charitables soins, de me défendre contre tous mes ennemis, d'éloigner de moi les occasions du péché, de m'obtenir que je sois docile à écouter vos inspirations, et, fidèle à les suivre, de me protéger surtout à l'heure de ma mort, et de ne me point quitter que vous ne m'ayez conduit au séjour du repos éternel. Ainsi soit-il.

PRIÈRE A S. LOUIS DE GONZAGUE,
Pour demander la sainte vertu de pureté.

O saint Louis de Gonzague! vrai miroir des vertus angéliques, quoique votre indigne serviteur, je vous recommande d'une manière particulière la chasteté de mon ame et de mon corps; je vous prie de me recommander à Jésus-Christ, l'Agneau sans tache, et à sa très sainte Mère, la Vierge des vierges; préservez-moi de tout péché, ne permettez pas que je tombe jamais dans aucune faute d'impureté; mais quand vous me verrez en tentation ou en danger de péché, éloignez de moi toutes les pensées, toutes les affections impures; et réveillant en moi le souvenir de l'éternité et de Jésus crucifié, imprimez profondément dans mon cœur le sentiment de la crainte de Dieu, afin qu'après vous avoir imité sur la terre, je mérite de jouir de Dieu avec vous dans le ciel. Ainsi soit-il.   *Pater. Ave.*

Nota. Il y a cent jours d'Indulgence attachés à la récitation de cette prière.

PRIÈRE pleine de confiance de S. François de Sales à la bienheureuse Vierge Marie, considérée comme Mère.

Je vous salue, très douce Vierge Marie, Mère de Dieu, et vous choisis pour ma très chère mère; je vous supplie de m'accepter pour votre fils et serviteur: je ne veux plus avoir d'autre mère et maîtresse que vous. Je vous prie donc, ma bonne, gracieuse et douce mère, qu'il vous plaise vous souvenir que je suis votre fils, que vous êtes très puissante, et que je suis une pauvre créature, vile et faible. Je vous supplie aussi, très douce et chère mère, de me gouverner et défendre en toutes mes actions; car, hélas! je suis un pauvre nécessiteux et mendiant, qui ai besoin de votre sainte aide et protection. Eh bien donc! très sainte Vierge, ma douce mère, de grâce, faites-moi participant de vos biens et de vos vertus, principalement de votre sainte humilité, de votre excellente pureté et fervente charité: mais accordez-nous surtout... Ne me dites pas, gracieuse Vierge, que vous ne pouvez pas, car votre bien-aimé Fils vous a donné toute puissance, tant au ciel que sur la terre; vous n'alléguerez pas non plus que vous ne devez pas : car vous êtes la mère commune de tous les pauvres enfants d'Adam, et singulièrement la mienne. Puisque donc, très douce Vierge, vous êtes ma mère, et que vous êtes très puissante, qu'est-ce qui pourrait vous excuser, si vous ne me prêtiez votre assistance? Voyez, ma mère, et voyez que vous êtes contrainte de m'accorder ce que je vous demande, et d'acquiescer à mes gémissements. Soyez donc exaltée sous les cieux, et par votre intercession, faites-moi présent de tous les biens et de toutes les grâces qui plaisent à la très sainte Trinité, Père, Fils et Saint-Esprit, l'objet de tout mon amour pour le temps présent et pour la grande éternité.

Dieu seul! Dieu seul!

Les Chrétiens qui auront la dévotion de réciter cette prière sont invités de s'unir d'intention à ceux qui la récitent pareillement.

LITANIES DE LA SAINTE VIERGE.

Kyrie eleison.
Christe eleison.
Kyrie eleison.
Christe, audi nos.
Christe, exaudi nos.
Pater de cœlis Deus, miserere nobis.
Fili Redemptor mundi Deus, miserere nobis.
Spiritus Sancte Deus, miserere nobis.
Sancta Trinitas unus Deus, mirerere nobis.
Sancta Maria, ora pro nobis.
Sancta Dei genitrix,
Sancta Virgo virginum,
Mater Christi,
Mater divinæ gratiæ,
Mater purissima,
Mater castissima,   *Ora pro n.*

Mater inviolata,
Mater intemerata,
Mater amabilis,
Mater admirabilis,
Mater Creatoris,
Mater Salvatoris,
Virgo prudentissima,
Virgo venerenda,
Virgo prædicanda,
Virgo potens,
Virgo clemens,
Virgo fidelis,
Speculum justitiæ,
Sedes sapientiæ,
Causa nostra lætitiæ,
Vas spirituale,
Vas honorabile,
Vas insigne devotionis,
Rosa mystica,
Turris Davidica,   *Ora pro nobis.*

Turris eburnea,
Domus aurea,
Fœderis arca,
Janua cœli,
Stella matutina,
Salus infirmorum,
Refugium peccatorum,
Cosolatrix afflictorum,
Auxilium Christianorum,
Regina Angelorum,
Regina Patriarcharum,
Regina Prophetarum,
Regina Apostolorum,
Regina Martyrum,
Regina Confessorum,
Regina Virginum,

Ora pro nobis.

Regina Sanctorum omnium,
Regina sine labe concepta, ora pro nobis,
Agnus Dei, qui tollis peccata mundi, parce nobis Domine.
Agnus Dei, qui tollis paccata mundi, exaudi nos, Domine.
Agnus Dei, qui tollis peccata mundi, miserere nobis.
Christe, audi nos.
Christe, exaudi nos.
V. Vultum tuum deprecabuntur
R. Omnes divites plebis.

ORAISON.

Dieu de bonté, accordez à notre faiblesse les secours de votre grâce; et comme nous honorons la mémoire de la sainte Mère de Dieu, faites que par le secours de son intercession, nous puissions nous relever de nos iniquités. Nous vous en supplions par le même Jésus-Christ Notre-Seigneur. Aînsi soit-il.

PRIÈRE DEVANT LE CRUCIFIX.

Les fidèles qui, s'étant confessés avec un cœur contrit et ayant reçu la sainte Communion, la réciteront dévotement devant un crucifix, gagneront une indulgence plénière accordée par Clément VIII et Benoît XIV, et confirmée par Pie VII le 10 avril 1821 ; elle est applicable aux défunts d'après une déclaration de Léon XII du 17 septembre 1825.

O bon et très doux Jésus ! prosterné à genoux en votre présence, je vous prie et je vous conjure, avec toute la ferveur de mon ame, de daigner graver dans mon cœur de vifs sentiments de foi, d'espérance et de charité, un vrai repentir de mes égarements et une volonté très ferme de m'en corriger, pendant que je considère en moi-même et que je contemple en esprit vos cinq plaies, avec une grande affection et une grande douleur, ayant devant les yeux ces paroles prophétiques que déjà le saint roi David prononçait de vous, ô mon aimable Jésus ! *Ils ont percé mes mains et mes pieds ; ils ont compté tous mes os.*

ACTE DE FOI.

Mon Dieu, je crois fermement tout ce que vous avez dit et révélé à votre Eglise, parce que vous êtes la vérité même.

ACTE D'ESPÉRANCE.

Mon Dieu, j'espère avec confiance, de votre bonté infinie, le Ciel et les grâces pour y parvenir, parce que vous me l'avez promis, et que vous êtes fidèle dans vos promesses.

ACTE DE CHARITÉ.

Mon Dieu, je vous aime de tout mon cœur et par-dessus toutes choses, parceque vous êtes infiniment bon et aimable, et j'aime mon prochain comme moi-même, pour l'amour de vous.

ACTE DE CONTRITION.

Mon Dieu et mon Père, j'ai un extrême regret de vous avoir offensé, parce que vous êtes infiniment bon, et que le péché vous déplaît : pardonnez-moi mes péchés par les mérites de Jésus-Christ mon Sauveur : je me propose, moyennant votre sainte grâce, de n'y plus retomber et d'en faire une véritable pénitence.

MOYENS
POUR ARRIVER A LA PERFECTION.

Persuadez-vous bien qu'entre tous les moyens créés qui peuvent conduire les ames à la perfection, il n'y en a point de meilleurs que le simple acquiescement en Dieu, et la simple attention en sa présence.

1. Dans la Conduite, uniformité, droiture, modestie, prudence, douceur, fermeté.
2. Dans les Conversations, gaîté sans dissipation ; retenue dans les paroles ; oubli de soi ; peu d'avis.

3. Dans les Fautes, humble et sincère aveu; douleur profonde sans abattement; recours à Dieu, abandon à sa miséricorde.

4. Dans l'Usage des Sacrements, pureté de cœur et d'intention, détachement de goûts sensibles, foi vive, ferveur pratique.

5. Avec Dieu, confiance filiale, étude amoureuse de ses volontés, attente paisible de ses moments, obéissance prompte, généreuse et sans réserve.

6. Avec le Prochain, cordialité, prévenance, support, complaisance sans bassesse, déférence sans flatterie, condescendance sans respect humain.

7. Avec Soi-même, justice exacte, abnégation effective et soutenue, patience à toute épreuve.

8. Pour son Corps, soin modéré, rigueur discrète, sobriété en tout.

9. Pour son Imagination, tranquillité inaltérable dans ses écarts, mépris de ses fantômes, diversion dans ses importunités.

10. Pour son Esprit, défiance sage de ses lumières, heureuse ignorance de son mérite, usage saint de se talents.

11. Pour son Cœur, fidélité à en bannir toute espèce de trouble; vigilance sur tous ses mouvements; sacrifice de tout ce qui s'oppose au bon plaisir de Dieu.

12. Vie de Foi, c'est-à-dire, conformité entière avec Jésus-Christ dans les pensées, les sentiments, le langage, les œuvres, et dépendance de son esprit, continuelle et en toutes choses.

Heureuse l'ame toujours fidèle à la pratique de ces moyens! Dieu se complaît en elle; elle jouit de Dieu; elle trouve tout en Dieu; elle s'assure l'éternelle possession de Dieu.

Pratique intérieure.

Ne cessez d'éloigner de vous toutes les créatures jusqu'à que vous soyez seul avec Dieu.

CANTIQUES CHOISIS

A L'USAGE

DES MISSIONS ET DES RETRAITES.

Pour l'Ouverture d'une Mission ou d'une Retraite. (*Air n° 2.*)

1. Un Dieu vient se faire entendre;
Cher peuple, quelle faveur!
A sa voix il faut vous rendre,
Il demande votre cœur.

   Accourez, peuple fidèle,
   Venez à la Mission;
   Le Seigneur, qui vous appelle,
   Veut votre conversion.

2. Dans l'état le plus horrible
Le péché vous a réduits;
Mais, à vos malheurs sensible,
Vers vous Dieu nous a conduits.
   Accourez, etc.

3. Sur vous il fera reluire
Une céleste clarté;
Dans vos cœurs il va produire
Le feu de la charité.
   Accourez, etc.

4. Hélas! trop longtemps le crime
Pour vous avait des attraits;
Qu'un saint désir vous anime,
Renoncez-y pour jamais.
   Accourez, etc.

5. Loin de vous toute injustice
Et toute division;

1.

Que partout se rétablisse
La concorde et l'union.
Accourez, etc.

6. Sans tarder changez de vie,
Sur vos maux pleurez, pécheurs ;
C'est Dieu qui vous y convie,
N'endurcissez pas vos cœurs.
Accourez, etc.

7. Ah ! Seigneur, qu'enfin se fasse
Ce précieux changement ;
Dans les cœurs, par votre grâce,
Venez agir fortement.
Accourez, etc.

8. Brisez, ô Dieu de clémence !
Leur coupable dureté.
Qu'une sainte pénitence
Lave notre iniquité.
Accourez, etc.

Pour une Retraite on chantera le refrain ainsi qu'il suit :

Accourez à la Retraite,
Suivez la voix du Seigneur ;
Là votre ame satisfaite
L'entendra parler au cœur.

Sur la Retraite (N°s 3 et 4.)

1. Plaisirs inouïs,
Paix la plus parfaite :
Ce sont là tes fruits,
Charmante retraite.
Monde, je romps tes liens
Pour goûter de si grands
biens.

2. C'est dans ce saint lieu
Que le Ciel m'appelle.

Pour plaire à mon Dieu
J'y cours avec zèle ;
C'est là que mon Créateur
Veut s'assurer de mon
cœur.

3. Quel ardent amour
Vous fîtes paraître
Pour ce beau séjour,
Saint et divin Maître !

Le désert fit vos plaisirs
Et remplit tous vos désirs.
4. Tous les bienheureux,
L'ont aimé de même ;
J'en ferai, comme eux,
Mon bonheur suprême.
Si l'on veut ne plus pécher,
Du monde il faut s'éloigner.
5. Mes besoins, mes maux,
Me disent sans cesse :
Va dans le repos
Chercher la sagesse ;
C'est dans le recueillement
Qu'on la trouve sûrement.
6. Précieux séjour,
Aimable retraite,
Ici chaque jour,
Sans être distraite,
Mon ame dans son Sauveur
Trouve son parfait bonheur.
7. Que de ses trésors
L'avare soit ivre ;

Qu'à tous ses transports
Le mondain se livre :
Retiré dans ce saint lieu,
Je les plains, et bénis Dieu.
8. De mon Créateur
J'y vois la puissance,
De mon Rédempteur
La douce clémence,
Et de mon juge irrité
La sévère autorité.
9. Touché de mes pleurs,
Mon Dieu me pardonne ;
De mille faveurs
Sa main me couronne.
Quelle ineffable bonté !
Mon cœur en est transporté.
10. Venez tous, pécheurs,
Venez aux retraites,
Goûter des douceurs
Pures et parfaites :
Venez laver dans vos pleurs
Vos crimes et vos erreurs.

Pour l'Exercice du matin. *(N° 1.)*

1. Au point du jour,
Pour ses bienfaits, l'Auteur de la nature
Nous demande un humble retour
Et le tribut de notre amour :
Offrons-lui donc une ame pure
Au point du jour. *bis.*

2. Au point du jour,
Je crois en toi, Dieu très saint que j'adore :
Ta vérité règle ma foi.
Dieu tout-puissant, accorde-moi
Un esprit soumis, qui t'honore
Au point du jour. *bis.*

3. Au point du jour,
Entends mon cœur ; il soupire, il espère,

Par Jésus ton fils, son Sauveur,
Te contempler, Dieu Créateur,
Dans l'éternité tout entière,
Au point du jour.   *bis.*

4. Au point du jour,
Reçois, grand Dieu, l'offrande de mon ame,
Que mon cœur te fait sans détour,
Tout embrasé de ton amour,
Et ranime surtout sa flamme
Au point du jour.   *bis.*

5. Au point du jour,
En contemplant les cieux et la campagne,
Avec les objets d'alentour,
Je pense au céleste séjour :
Que ta présence m'accompagne
Pendant le jour.   *bis.*

6. Au point du jour,
Formant mes vœux, ô Dieu saint ! tu m'enflammes.
Que les Français, pour être heureux,
Elèvent leur cœur vers les Cieux;
Répands ta grace dans leurs ames
Au point du jour.   *bis.*

7. Du point du jour
Si l'on entend le sublime langage,
L'univers entier fait sa cour
Au Dieu que chantent tour à tour
Les oiseaux, lui rendant l'hommage
Du point du jour.   *bis.*

8. Au point du jour,
J'unis ma voix à la nature entière,
L'impie, indocile à tes lois,
A sa raison tout à la fois,
Seul te refuse sa prière
Du point du jour.   *bis.*

9. Du point du jour
A son déclin, l'homme prudent et sage,
En se reposant sur ton sein,

De ses travaux attend la fin ,
Et pour toi son dernier hommage
Finit le jour.

Offrande de la journée. (*N° 32.*)

O Dieu dont je tiens l'être !
Toi qui règles mon sort,
Seul arbitre, seul maître
De mes jours, de ma mort,
Je t'offre les prémices
Du jour qui luit sur moi,
Et veux, sous tes auspices,
Ne le donner qu'à toi.

Daigne, d'un œil propice.
En voir tous les instants ;
Que ta main en bannisse
Tous les dangers pressants :
Surtout, Dieu de clémence,
Qu'avec ton saint secours,
Nul crime, nulle offense
N'ose en ternir le cours.

Que ta bonté facile.
Qui voit tous nos besoins ,
Rende, à tes yeux, utile
Mon travail et mes soins ;
Et que, suivant la trace
Que nous ouvrent les Saints,
Nos jours soient, par ta grâce,
Des jours purs et sereins.

La sainte Messe (*N*o 108.)

1. Quel spectacle nouveau, quel espoir ravissant
A mes yeux attendris ce saint autel présente !
Mon Dieu, tu vois nos cœurs dans une vive attente,
Viens du Ciel couronner le vœu le plus ardent. *bis.*

2. Ah ! nous désirons tous ce prix de ton amour ;
De ce don, précieux chef-d'œuvre de tendresse,
Près de mourir pour nous, tu nous fis la promesse,
Et depuis tu remplis ce serment chaque jour.   *bis.*

3. Saint ministre, à l'autel tu me peins le Sauveur
A son père en courroux s'offrant en sacrifice :
L'autel comme la croix va nous être propice,
Qui peut donc refuser ses larmes et son cœur?   *bis.*

4. Enfants du Roi des rois, si tendrement aimés,
Elevons vers Sion nos yeux baignés de larmes,
Disons : Descends vers nous, ô Dieu si plein de charmes!
De toi seul, tu le sais, nos cœurs sont affamés.   *bis.*

5. Pénétrons nos esprits d'un saint recueillement,
Le ciel vient de s'ouvrir, et Jésus va paraître.
Raison, faible raison, soumise à ton bon Maître,
Reconnais sa grandeur dans son abaissement.

6. Cessons de soupirer, l'Agneau rempli d'appas
Du grand Juge envers nous calme encor la colère ;
Son sang coule pour nous et nous rend notre père.
Quel amour, quel retour ne lui devons nous pas !   *bis.*

Sur le Salut. *(No 5.)*

1. Nous n'avons à faire
   Que notre salut ;   *bis.*
   C'est là notre but,
C'est là notre unique affaire.
   Nous serons heureux
   En cherchant les Cieux.   *bis.*

2. Notre ame immortelle
   Est faite pour Dieu ;   *bis.*
   La terre est trop peu,
Ou plutôt n'est rien pour elle.
   Nous serons heureux
   En cherchant les Cieux.   *bis.*

3. Perte universelle !
   Perdre son Sauveur ,   *bis.*

Perdre son bonheur,
Perdre la vie éternelle !
 Afin d'être heureux,
 Nous cherchons les Cieux.   *bis.*

4. Prends pour toi la terre,   *bis.*
 Avare indigent;
 Pour l'or et l'argent
Entreprends procès et guerre :
 Pour nous, plus heureux,
 Nous cherchons les Cieux.   *bis.*

5. Recherche, ame immonde,
 Selon tes désirs,
 Les biens, les plaisirs   *bis.*
Et les honneurs de ce monde :
 Pour nous plus heureux
 Nous cherchons les Cieux.   *bis.*

6. Poursuis la fumée
 D'un bien passager,   *bis.*
 Gagne un monde entier :
Quel gain si l'ame est damnée !
 Pour nous plus heureux,
 Nous cherchons les Cieux.   *bis.*

7. Nous cherchons la grâce,   *bis.*
 Le reste n'est rien;
 Ce n'est pas un bien,
Dès lors qu'il trompe et qu'il passe :
 Afin d'être heureux,
 Nous cherchons les Cieux.   *bis.*

8. Point d'autre excellence   *bis.*
 Que l'humilité;
 Notre pauvreté
Fait toute notre abondance :
 L'objet de nos vœux,
 C'est d'aller aux Cieux.   *bis.*

9. Notre savoir faire
 Est tout dans la Croix;   *bis.*
 Si nous sommes rois,
Ce n'est que sur le Calvaire :
 L'objet de nos vœux
 C'est d'aller aux Cieux.   *bis.*

10. Nous cherchons la vie,
    La gloire , la paix   *bis.*
    Qui dure à jamais.
En avez-vous quelque envie ?
    Venez, suivez-nous ,
    Et nous l'aurons tous,   *bis,*
11. Allons à Marie ,
    Allons à Jésus.   *bis.*
    Qu'avons-nous de plus ?
C'est la gloire , c'est la vie :
    Venez, suivez-nous ,
    Et nous l'aurons tous,   *bis.*

Même sujet. (N° 101.)

1. Travaillez à votre salut :
   Quand on le veut , il est facile ;
   Chrétiens, n'ayez point d'autre but,
   Sans lui tout devient inutile.
   Sans le salut (*bis*) , pensez-y bien ,
   Tout ne vous servira de rien.

2. Oh ! que l'on perd en le perdant !
   On perd le céleste héritage ;
   Au lieu d'un bonheur si charmant,
   On a l'enfer pour son partage.
   Sans le salut (*bis*), etc.

3. Que sert de gagner l'univers
   Si l'on vient à perdre son ame,
   Et s'il faut au fond des enfers
   Brûler dans l'éternelle flamme ?
   Sans le salut (*bis*), etc.

4. Rien n'est digne d'empressement,
   Si ce n'est la vie éternelle ;
   Le reste n'est qu'amusement,
   Tout n'est que pure bagatelle.
   Sans le salut (*bis*), etc.

5. C'est pour toute une éternité
   Qu'on est heureux ou misérable ;

Que, devant cette vérité,
Tout ce qui passe est méprisable !
  Sans le salut (*bis*), etc.

6. Grand Dieu ! que tant que nous vivrons,
  Cette vérité nous pénètre !
Ah ! faites que nous nous sauvions
A quelque prix que ce puisse être.
Sans le salut (*bis*), pensez-y bien,
Tout ne vous servira de rien.

Sur la Mort. *(N° 6.)*

1. A la mort, à la mort,
  Pécheur, tout finira.
  Le Seigneur, à la mort,
  Te jugera.

2. Il faut mourir, il faut mourir,
  De ce monde il nous faut sortir ;
  Le triste arrêt en est porté ;
  Il faut qu'il soit exécuté.
    A la mort, etc.

3. Comme une fleur qui se flétrit,
  Ainsi bientôt l'homme périt ;
  L'affreuse mort vient de ses jours
  Dans peu de temps finir le cours.
    A la mort, etc.

4. Pécheurs, approchez du cercueil,
  Venez confondre votre orgueil ;
  Là, tout ce qu'on estime tant,
  Est enfin réduit au néant.
    A la mort, etc.

5. Esclaves de la vanité,
  Que deviendra votre beauté ?
  Vos traits sans forme et sans couleur
  Vous rendront un objet d'horreur.
    A la mort, etc.

6. Vous qui suivez tous vos désirs,
  Qui vous plongez dans les plaisirs.

Pour vous quel affreux changement
La mort va faire en ce moment !
   A la mort, etc.

7. Plus de plaisirs, plus de douceur,
Plus de pouvoir, plus de grandeur;
Ces biens dont vous êtes jaloux
Vont tout-à-coup périr pour vous.
   A la mort, etc.

8. Adieu, famille, adieu parents,
Adieu, chers amis, chers enfants !
Votre cœur se désolera ;
Mais enfin tout vous quittera.
   A la mort, etc.

9. Ce moment doit bientôt venir;
Mais on en fuit le souvenir,
Et l'homme, sans réflexion,
Vit ainsi dans l'illusion.
   A la mort, etc.

10. S'il fallait subir votre arrêt,
Chrétiens, qui de vous serait prêt ?
Combien dont le funeste sort
Serait une éternelle mort !
   A la mort, etc.

Sur le Jugement. (N° 7.)

1. Dieu va déployer sa puissance :
Le temps comme un songe s'enfuit....
Les siècles sont passés, l'éternité commence;
Le monde va rentrer dans l'horreur de la nuit.
   Dieu va, etc.

2. J'entends la trompette effrayante;
Quel bruit, quels lugubres éclairs !
Le Seigneur a lancé sa foudre étincelante,
Et ses feux dévorants embrasent l'univers.
   J'entends, etc.

3. Les monts foudroyés se renversent,
Les êtres sont tous confondus,

La mer ouvre son sein, les ondes se dispersent,
Tout est dans le chaos, et la terre n'est plus.
> Les monts, etc.

4. Sortez des tombeaux, ô poussière,
    Dépouille des pâles humains!
Le Seigneur vous appelle, il vous rend la lumière;
Il va sonder vos cœurs et fixer vos destins.
> Sortez, etc.

5. Il vient... Tout est dans le silence,
    Sa croix porte au loin la terreur.
Le pécheur consterné frémit en sa présence,
Et le juste lui-même est saisi de frayeur.
> Il vient, etc.

6. Assis sur un trône de gloire,
    Il dit: Venez, ô mes élus!
Comme moi vous avez remporté la victoire;
Recevez de mes mains le prix de vos vertus.
> Assis, etc.

7. Tombez dans le sein des abîmes,
    Tombez, pécheurs audacieux.
De mon juste courroux immortelles victimes,
Vils suppôts des démons, vous brûlerez comme eux.
> Tombez, etc.

8. Triste éternité des supplices,
    Tu vas donc commencer ton cours;
De l'heureuse Sion, inneffables délices,
Bonheur, gloire des Saints, vous durerez toujours.
> Triste éternité, etc.

9. Grand Dieu! qui sera la victime
    De ton implacable fureur?
Quel noir pressentiment me tourmente et m'opprime!
La crainte et les remords me déchirent le cœur.
> Grand Dieu! etc.

10. De tes jugements, Dieu sévère,
     Pourrai-je subir les rigueurs?
J'ai péché, mais ton sang désarme ta colère;
J'ai péché, mais mon crime est noyé dans mes pleurs.
> De tes jugements, etc.

Sur l'Enfer. *(N° 125.)*

LES VIVANTS.

Malheureuses créatures
Que le Dieu de l'univers,
Par d'éternelles tortures,
Punit au fond des enfers,
  Dites-nous, dites-nous,
Quels tourments endurez-vous ?

LES RÉPROUVÉS.

Hé quoi ! faut-il vous instruire
De l'excès de nos douleurs ?
Faut-il nous-mêmes vous dire
Quelle est la fin des pécheurs ?
  Hélas ! hélas !
Mortels, ne nous suivez pas.

V. Parlez, hommes trop coupables,
Parlez, obstinés pécheurs,
Profanateurs détestables,
Apostats, blasphémateurs,
  Dites-nous, etc.

R. O quelle rude vengeance
S'exerce ici contre nous !
Quelle invincible puissance
Nous écrase de ses coups !
  Hélas ! etc.

V. Vains adorateurs du monde,
Où sont tous ces faux honneurs,
Et cette gloire qu'on fonde
Sur de trompeuses grandeurs ?
  Dites-nous, etc.

R. Ah ! cette gloire est passée
Comme un songe de la nuit,
Qui, trompant notre pensée,
A notre réveil s'enfuit.
  Hélas ! etc.

V. Que vous reste-t-il, avares,
De tant de biens amassés
Et de tant de meubles rares
Dans vos maisons entassés ! Dites-nous, etc.

R. Une éternelle indigence
Est le déplorable fruit
Que notre avare opulence
Nous a pour jamais produit.
    Hélas ! etc.

V. Quelles sont, ames charnelles,
Les douleurs que vous sentez
Pour vos ardeurs criminelles,
Pour vos sales voluptés ?   Dites-nous, etc.

R. Ah ! pour ces plaisirs infâmes
Qui n'ont duré qu'un moment,
Il faut, au milieu des flammes,
Brûler éternellement.
    Hélas ! etc.

V. Cœurs irréconciliables,
Inflexibles ennemis,
Par vos haines implacables,
Où vous êtes-vous réduits ? Dites-nous, etc.

R. Dans une rigueur extrême,
Hélas ! Dieu nous a jugé,
Sur nous se vengeant, de même
Que nous nous sommes vengés.
    Hélas ! etc.

V. Dans ce gouffre épouvantable,
Dans ce séjour plein d'horreur,
Dans l'enfer, où vous accable
Le courroux d'un Dieu vengeur,   Dites, etc.

R. Le tourment le plus terrible
N'est pas le tourment du feu ;
Il en est un plus horrible,
C'est de ne jamais voir Dieu.
    Hélas ! hélas !
Mortels, ne l'éprouvez pas.

Sur la Confession. *(N° 102.)*

1. O malheureux qui languissez
   Dans la misère et dans l'abîme !
   O vous ! pécheurs, qui gémissez
   Sous le poids énorme du crime,
   Voulez-vous recouvrer la paix
   En recouvrant votre innocence ?
   Venez confesser vos excès
   Au trône de la Pénitence.

2. Si vous osez douter, mortels,
   De la puissance de l'Eglise,
   Ecoutez l'oracle du Ciel ;
   Que votre ame lui soit soumise :
   Sera délié dans les Cieux
   Ce qu'elle absoudra sur la terre ;
   Sans ce jugement précieux,
   Redoutez le Dieu du tonnerre.

3. Voyez couler au Tribunal
   Le sang de la sainte victime
   Qui doit lever l'arrêt fatal
   Qu'avait encouru votre crime.
   Voyez les anges s'empresser
   A célébrer l'heureuse fête
   Qui, dans les Cieux, doit annoncer
   Votre retour et leur conquête.

4. Ne voyez dans le confesseur
   Que le ministre de Dieu même,
   Le ministre de sa douceur,
   De sa miséricorde extrême ;
   Comme le bon Samaritain,
   Son cœur prendra part à vos peines,
   Et votre Sauveur, par sa main,
   Brisera vos pesantes chaînes.

5. Avec un cœur humble et contrit,
   Avec une douleur amère,
   Au ministre de Jésus-Christ
   Faites l'aveu le plus sincère.

Dieu vous rendra son tendre amour,
Vos droits à la gloire immortelle ;
Et pour vous, du divin séjour
S'ouvrira la porte éternelle.

6. Mais si vous veniez sans douleur
A ce tribunal redoutable,
Ah ! vous souilleriez votre cœur
D'un sacrilége abominable ;
Confessez bien tous vos péchés,
Car si vous déguisiez vos vices,
Ils vous seraient tous reprochés
Au jour terrible des justices.

7. Avez-vous le bien du prochain ?
Rendez-le au maître légitime ;
Arrachez l'œil, coupez la main
Qui sont l'occasion du crime ;
Si vous avez des ennemis,
Pardonnez de toute votre ame ;
Qu'en pleurant vos péchés commis,
Pour Jésus votre cœur s'enflamme.

8. C'est alors que vous connaîtrez
Combien le Seigneur est aimable ;
Alors, pécheurs, vous trouverez
Son joug léger, doux, agréable.
Les croix, les soupirs, la ferveur
Auront pour vous les plus doux charmes ;
Vous trouverez de la douceur
A répandre pour lui des larmes.

Sur le Ciel. (Nᵒˢ 116, 8 et 140.)

1. Sainte cité, demeure permanente,
Sacré palais qu'habite le grand Roi,
Où doit sans fin régner l'ame innocente,
Quoi de plus doux que de penser à toi ?
    O ma patrie !
    O mon bonheur !
    Toujours chérie,
    Sois le vœu de mon cœur.   *bis.*

2. Dans tes parvis tout n'est plus qu'allégresse,
C'est un torrent des plus chastes plaisirs :
On ne ressent ni peines, ni tristesse,
On ne connaît ni plaintes, ni soupirs.   *bis.*
  O ma patrie, etc.

3. Tes habitants ne craignent plus d'orage :
Ils sont au port, ils y sont pour jamais :
Un calme entier devient leur doux partage;
Dieu dans leur cœur verse un fleuve de paix.   *bis.*
  O ma patrie, etc.

4. De quel éclat ce Dieu les environne !
Ah ! je les vois tous brillant de clarté ;
Rien ne saurait plus flétrir leur couronne;
Leur vêtement est l'immortalité.   *bis.*
  O ma patrie, etc.

5. Pour les élus il n'est plus d'inconstance.
Tout est soumis au joug du saint amour;
L'affreux péché n'a plus là de puissance.
Tout bénit Dieu dans cet heureux séjour.   *bis.*
  O ma patrie, etc.

6. Beauté divine, ô beauté ravissante !
Tu fais l'objet du suprême bonheur :
O quand naîtra cette aurore brillante
Où nous pourrons contempler ta splendeur !   *bis.*
  O ma patrie, etc.

7. Puisque Dieu seul est notre récompense,
Qu'il soit aussi la fin de nos travaux :
Dans cette vie un moment de souffrance
Mérite au Ciel un éternel repos !   *bis.*
  O ma patrie, etc.

(*Pour l'air N° 140, on prend le 6ᵐᵉ couplet pour refrain.*)

Sur le Ciel. (*N°* 110.)

1. Qu'il a de charmes à mes yeux !
O Dieu ! que doux est votre empire !
C'est lui pour qui mon cœur soupire ;
Tout autre objet m'est ennuyeux.
Loin de ce lieu plein d'allégresse,   *bis.*
Je gémis (*bis*) et languis sans cesse.   *bis.*

2, Toujours dans la captivité,
C'est trop long temps, ô ma patrie !
Dans les fers mon ame asservie
N'aspire qu'à l'éternité.　　　　Loin, etc.

3. Jamais ils ne seront ôtés
Vos doux attraits de ma mémoire ;
Loin de vous, immortelle gloire,
Ah ! que nos jours sont traversés !　　Loin, etc.

4. Vous calmerez tous mes soupirs,
Des biens parfaits source féconde ;
Dans le sein d'une paix profonde,
Vous comblerez tous mes désirs.　　Loin, etc.

5. Tourmenté par tant de revers,
Serai-je toujours misérable !
Quand viendra-t-il ce jour aimable
Où vos trésors seront ouverts ?　　Loin, etc.

6. Je vous verrai, céleste cour ;
Vous ranimez mon espérance :
Des plaisirs l'heureuse abondance
Sera le prix de mon amour.　　　Loin, etc.

La jeunesse doit se consacrer au Seigneur.

(Nos 9, 10, 11 et 148.)

1. Le temps de la jeunesse
Passe comme une fleur.
Hâtez-vous, le temps presse,
Donnez-vous au Seigneur.
Tout se change en délices
Quand on veut le servir :
Les plus grands sacrifices
Font les plus doux plaisirs.
2. N'attendez pas cet âge
Où les hommes n'ont plus
Ni force, ni courage
Pour les grandes vertus.
C'est faire un sacrifice
Qui vous a peu coûté,
Que de quitter le vice
Lorsqu'il n'est plus goûté.
3. Prévenez la vieillesse,
Cette triste saison ;
Le temps de la jeunesse
Est un temps de moisson.
Le Seigneur vous menace
D'une fatale nuit,
Où, quoique l'homme fasse,
Il travaille sans fruit.
4. Que de pleurs et de larmes
Il nous coûte au trépas,

Ce monde dont les charmes
Nous tompent ici-bas,
D'agréables promesses
Il nous flatte d'abord ;
Par de fausses caresses
Il nous donne là mort.
5. Si le monde t'offense,
Méprise son courroux ;
Dieu veut la préférence,
Il s'en montre jaloux.
Si sa bonté suprême
A pour nous tant d'ardeur,
Il faut l'aimer de même,
Sans partager son cœur.
6. Eussiez-vous en partage
D'ici-bas l'or trompeur,
Serait-ce un avantage
Sans l'amour du Seigneur ?
Quelle folie extrême
De gagner l'univers,

Et s'exposer soi-même
Aux tourments des enfers !
7. Quand plusieurs fois au crime
L'on ose consentir,
Hélas ! c'est un abîme
Dont on ne peut sortir ;
Il n'est rien de plus rude
Que de se détacher
De la longue habitude
Qu'on s'est fait de pécher.
8. Pourquoi tant vous promettre
De vivre longuement ?
Demain sera peut-être
Votre dernier moment.
Craignons que de la grâce
Dieu ne change le cours,
Qu'un autre à notre place
Ne soit mis pour toujours.

Même sujet. (No 112.)

1. Heureux qui, dès son enfance,
   Soumis aux lois du Seigneur,
   N'a pas avec l'innocence,
   Perdu la paix de son cœur !
   Chéri de celui qu'il adore,
   Son bonheur le suit en tous lieux ;
   Que peut-il désirer encore
   Quand il se voit l'ami d'un Dieu ?
   Refr. Heureux qui, etc.

2. En vain la fortune couronne
   Du pécheur les moindres désirs ;
   Le remords cruel empoisonne
   Les plus vantés de ses plaisirs.   *Refr.*

3. Qui se laisse prendre à tes charmes,
   Trop séduisante volupté,
   Paiera bientôt de ses larmes
   Le plaisir qu'il aura goûté.   *Refr.*

4. Le moment d'une folle ivresse
   Fait place à celui des regrets ;
   Ce bonheur qu'il poursuit sans cesse,
   Le mondain ne l'aura jamais.   *Refr.*

5. Seigneur, de ma tranquille vie
   Rien ne saurait troubler le cours ;
   La paix ne peut être ravie
   A qui veut vous aimer toujours.   *Refr.*

6. Le monde étale sa richesse,
   Et ses biens ne m'ont point tenté ;
   J'ai le trésor de la sagesse
   Dans le sein de la pauvreté.   *Refr.*

7. La croix où mon Jésus expire
   Change mes peines en douceur ;
   Si quelquefois mon cœur soupire,
   C'est que je songe à ses douleurs.   *Refr.*

8. L'espoir d'une gloire immortelle
   Et d'un bonheur toujours nouveau
   Sème de fleurs, pour le fidèle,
   Les bords si tristes du tombeau.   *Refr.*

9. Mon Dieu, j'y descendrai sans crainte,
   Espérant des bras de la mort
   Voler vers ta demeure sainte,
   En chantant dans un doux transport :
       Heureux, etc.

Devoirs envers les Parents. (No 105.)

1. Grand Dieu ! quelle loi salutaire
   Vous gravez au fond de mon cœur !
   Honore, dites-vous, Seigneur,
   Et chéris ton père et ta mère.
   Accomplir ce devoir touchant
   Pour mon cœur (*bis*) est un doux penchant.

2. Votre loi m'engage et me presse :
   Elle promet un sort heureux,
   Des jours sereins, des jours nombreux
   Pour prix de ma juste tendresse.
       Accomplir, etc.

5. Eh ! sans aucune récompense ,
   Pour suivre une si douce loi,
   Je songe à ce qu'ont fait pour moi
   Les deux auteurs de ma naissance,
   Accomplir, etc,

4. Quand, par ses soins , ma tendre mère
   Cent fois eut sauvé mon berceau ,
   Chaque jour un bienfait nouveau
   Montrait près de moi mon bon père.
   Envers eux ce devoir touchant
   Pour mon cœur (*bis*) est un doux penchant.

5. Ah ! qu'il plaisait à mon enfance,
   De la vertu le doux accent !
   Ils disaient en me caressant :
   Rien n'est beau comme l'innocence.
   Envers eux , etc.

6. Seigneur , que toujours je les aime,
   Mais d'un amour respectueux ;
   Leur pouvoir est majestueux,
   Et leur autorité suprême.
   Qu'envers eux un devoir touchant
   Soit toujours (*bis*) mon plus doux penchant.

7. Loin, loin de moi le *toi* farouche,
   Sot emblème de l'égalité ;
   Ce mot , justement détesté,
   Jamais ne souillera ma bouche.
   Pour remplir un devoir touchant,
   J'eus toujours (*bis*) un trop doux penchant.

8. Sur les pas du divin modèle,
   Marchons, chers enfants , dès ce jour.
   A Bethléem , obscur séjour,
   Voyez-le à ses parents fidèle.
   Vous imiter , Jésus enfant.
   Est pour nous (*bis*) le plus doux penchant,

9. Trente ans dans ce modeste asile,
   Je vous vois obéir toujours
   Aux saints protecteurs de vos jours;
   Pourrais-je être encore indocile ?
   Vous imiter, Jésus enfant,
   Ce sera (*bis*) mon plus doux penchant,

Vanité des choses du Monde. (N° 13.)

1. Tout n'est que vanité,
Mensonge, fragilité,
Dans tous ces objets divers
Qu'offre à nos regards l'univers :
Tous ces brillants dehors,
Cette pompe,
Ces biens, ces trésors,
Tout nous trompe,
Tout nous éblouit,
Mais tout nous échappe et nous fuit.
2. Telles qu'on voit les fleurs,
Avec leurs vives couleurs,
Eclore, s'épanouir,
Se faner, tomber et périr :
Tel est des vains attraits
Le partage ;
Tels l'éclat, les traits
Du bel âge,
Après quelques jours,
Perdent leur beauté pour toujours.
3. En vain, pour être heureux,
Le jeune voluptueux
Se plonge dans les douceurs
Qu'offrent les mondains séducteurs :
Plus il suit les plaisirs
Qui l'enchantent
Et moins ses désirs
Se contentent :
Le bonheur le fuit
A mesure qu'il le poursuit.
4. Que doivent devenir
Pour l'homme qui doit mourir,
Ces biens long temps amassés,
Cet argent, cet or entassés ?
Fût-il du genre humain
Seul le maître,
Pour lui tout enfin

Cesse d'être ;
Au jour de son deuil
Il n'a plus pour lui qu'un cercueil.

5. J'ai vu l'impie heureux
Porter son air fastueux
Et son front audacieux
Au-dessus du cèdre orgueilleux ;
Au loin tout révérait
Sa puissance,
Et tout adorait
Sa présence :
Je passe, et soudain
Il n'est plus ; je le cherche en vain.

6. Au savant orgueilleux
Que sert un génie heureux,
Un nom devenu fameux
Par mille travaux glorieux ?
Non, les plus beaux talents,
L'éloquence,
Les succès brillants,
La science,
Ne servent de rien
A qui ne sait vivre en chrétien.

7. Arbitre des humains,
Dieu seul tient entre ses mains
Les évènéments divers
Et le sort de tout l'univers ;
Seul il n'a qu'à parler,
Et la foudre
Va frapper, brûler,
Mettre en poudre
Les plus grands héros,
Comme les plus vils vermisseaux.

8. La mort, dans son courroux,
Dispense à son gré les coups,
Et l'homme ne fut jamais
A l'abri d'un seul de ses traits.
Sur son triste retour
La vieillesse,

Dans son plus beau jour
La jeunesse,
L'enfance au berceau,
Trouvent tour à tour leur tombeau.
9. Oh ! combien malheureux
Est l'homme présomptueux,
Qui dans ce monde trompeur
Croit pouvoir trouver son bonheur :
Dieu seul est immortel,
Immuable,
Seul grand , éternel,
Seul aimable.
Avec son secours ,
Donnons-nous à lui pour toujours.

Le Péché. (N° 14.)

1. Mon Dieu, mon cœur touché
D'avoir péché
Demande grâce.
Joins à tous tes bienfaits
L'oubli de mes forfaits ;
Je n'ose plus du ciel contempler la surface.
Refr. Pardon, mon Dieu, pardon ;
Mon Dieu, pardon;
N'es-tu pas un Dieu bon ?
Mon Dieu, pardon ;
N'es-tu pas un Dieu bon ?
2. Ah ! dans cette saison
Où ma raison
Devait te suivre,
J'errais des jours entiers ,
Dans de honteux sentiers.
Comment à mes malheurs m'as-tu laissé survivre ?
3. Tu me disais souvent :
Viens, mon enfant,
Ma voix t'appelle ;
J'allais à mes plaisirs,
Au gré de mes désirs ;
Et tu pus si longtemps garder un fils rebelle ?

4. Je pouvais bien périr
    Sans recourir
    A ta clémence;
J'allais traîner mes fers
Dans le fond des enfers;
Comment porter alors le poids de ta vengeance ?
5. Etant si sensuel,
    D'un feu cruel
    Souffrir la peine !
Formé pour le bonheur,
Gémir dans la douleur,
Et d'un Dieu courroucé porter toujours la haine !
6. Mon Dieu, toujours gémir ;
    Jamais jouir
    De ta présence :
N'avoir aucun espoir
D'aller enfin te voir ;
Comment souffrir l'ennui d'une éternelle absence ?
7. Condamné par ta loi,
    Privé de toi
    Par ma malice,
Coupable infortuné
Pourquoi serais-je né ?
Fais taire à mon égard les droits de ta justice.
8. Plus juste désormais,
    Et pour jamais
    Brebis fidèle,
Je vivrai dans les pleurs,
Dans les saintes rigueurs ;
Heureux si je parviens à la gloire immortelle !

Corruption du Monde. (N° 110.)

1. Viens nous tirer de cet abîme,
    Seigneur, ou nous sommes perdus :
    La terre est l'empire du crime ;
On y cherche des Saints et l'on n'en trouve plus.
Refr. Dieu tout-puissant, Dieu de nos pères, *bis.*
    Ecoute nos cris gémissants.

Et vois l'excès de nos misères ;
Pardon (*bis*), nous sommes tes enfants. *bis.*

2. Temps déplorables où nous sommes,
Jours d'erreurs et d'iniquités !
Oui, mon Dieu, les enfants des hommes
Ont partout altéré tes saintes vérités. *Refr.*

5. On n'entend que d'affreux systèmes,
Destructeurs de la sainte loi ;
L'impie a vomi ses blasphèmes,
Et voudrait par leur souffle anéantir ta foi. *Refr.*

4. J'entends les cris de l'innocence,
Je me lève, dit le Seigneur ;
De la vertu dans l'indigence.
Il est temps de finir l'opprobre et le malheur. *Refr.*

5. C'est à son aide que je vole :
Il l'a dit : ne craignons plus rien ;
L'or est moins pur que sa parole :
Du pupille opprimé son bras est le soutien. *Refr.*

6. Tandis que dans leur folle ivresse
Son courroux laisse les humains,
Rendons hommage à sa sagesse,
Qui souvent à nos yeux dérobe ses desseins. *Refr.*

Invitation au Pécheur. (*N°* 16.)

1. Reviens, pécheur, à ton Dieu qui t'appelle,
Viens au plus tôt te mettre sous sa loi ;
Tu n'as été déjà que trop rebelle :
Reviens à lui puisqu'il revient à toi.

2. Dans tes écarts sa voix se fait entendre,
Sans se lasser partout il te poursuit,
Du bon pasteur, du père le plus tendre,
Il a le cœur : ton cœur ingrat le fuit.

5. Attraits, frayeur, remords, secret langage,
Rien n'échappait à son amour constant ;
A-t-il pour toi dû faire davantage ?
A-t-il pour toi dû même faire autant ?

4. Il fut toujours pour toi plein de clémence,
Ton méchant cœur s'en prévaut chaque jour ;

Plus de rigueur vaincrait sa résistance,
Tu l'aimerais s'il avait moins d'amour.
5. Marche au grand jour que t'offre sa lumière,
A sa faveur tu peux faire le bien ;
La nuit bientôt finira ta carrière,
Funeste nuit où l'on ne peut plus rien.
6. Ta courte vie est un songe qui passe,
Et de ta mort le jour est incertain.
Si lE'ternel veut te donner sa grâce,
Te promit-il jamais le lendemain ?
7. Non, le ciel doit te combler de délices,
Si la vertu te suit à ton trépas ;
Ou bien l'enfer t'ouvrir ses précipices,
Si c'est le crime : et tu n'y penses pas !

Retour du Pécheur. (*N°* 115.)

1. Voici, Seigneur, cette brebis errante
Que vous daignez chercher depuis longtemps ;
Touché, confus d'une si longue attente,
Sans plus tarder, je reviens, je me rends.   *bis.*
2. Errant, perdu, je cherchais un asile,
Je m'efforçais de vivre sans effroi,
Mais, ô mon Dieu ! pouvais-je être tranquille,
Si loin de vous, et vous si loin de moi ?   *bis.*
3. Je me repens de ma faute passée ;
Contre le ciel, contre vous j'ai péché :
Mais oubliez ma conduite insensée,
Et ne voyez en moi qu'un cœur touché.   *bis.*
4. Quand sous vos yeux, grand Dieu, je considère
Toute l'horreur de tant d'excès commis,
Comment oser vous appeler mon père ?
Comment oser me dire votre fils ?   *bis.*
5. Dieu de nos cœurs, principe de tout être,
Unique objet qui pouvez nous charmer ;
Que j'ai longtemps vécu sans vous connaître !
Que j'ai longtemps vécu sans vous aimer !   *bis.*
6. Votre bonté surpasse ma malice,
Pardonnez-moi ce long égarement :

Je le déteste, il fait tout mon supplice,
Et pour vous seul j'en pleure amèrement.   *bis.*
7. Je ne vois rien que mon cœur ne défie :
Malheurs, tourments, biens, charmes les plus doux,
Non, fallût-il cent fois perdre la vie,
Rien ne pourra me séparer de vous.   *bis.*

Remords du Pécheur. (*N*° 17.)

1. Comment goûter quelque repos
Dans les tourments d'un cœur coupable ?
Loin de vous, ô Dieu tout aimable !
Tous les biens ne sont que des maux.
J'ai fui la maison de mon Père,
A la voix d'un monde enchanté :
Il promet la félicité
Mais il n'enfante que misère.   *bis.*
2. Vois, me disait-il, vois le temps
Emporter ta belle jeunesse ;
Tu cueilles l'épine qui blesse
Au lieu des roses du printemps.
Le perfide pour ma ruine
Cachait l'épine sous les fleurs ;
Mais vous, ô Dieu plein de douceurs !
Vous cachez les fleurs sous l'épine.   *bis.*
3. Créateur justement jaloux,
Ah ! voyez ma douleur profonde ;
Ce que j'ai souffert pour le monde,
Si je l'avais souffert pour vous....!
J'ai poursuivi dans les alarmes,
Le fantôme des vains plaisirs ;
Ah ! j'ai semé dans les soupirs
Et je moissonne dans les larmes.   *bis.*
4. Qui me rendra de la vertu
Les douces, les heureuses chaînes ?
Mon cœur, sous le poids de ses peines,
Succombe et languit, abattu.
J'espérais, ô triste folie !
Vivre tranquille et criminel ;

J'oubliais l'oracle éternel :
Il n'est point de paix pour l'impie. *bis.*
5. De mon abîme, ô Dieu clément !
J'ose t'adresser ma prière.
Cessas-tu donc d'être mon Père,
Si je fus un indigne enfant ?
Hélas ! le lever de l'aurore
Aux pleurs trouve mes yeux ouverts,
Et la nuit couvre l'univers,
Que mon ame gémit encore. *bis.*

Regrets du Pécheur. (*N*os 80 *et* 126.)

1. A tes pieds, Dieu que j'adore,
Ramené par mes malheurs,
Tu vois mon cœur qui déplore
Ses écarts et ses erreurs.
   Seigneur ! Seigneur !
Ah ! reçois, reçois encore } *bis.*
Mes soupirs et ma douleur.
   Seigneur, etc.

2. Si mon crime, qui te blesse,
Sollicite ton courroux,
La clémence, ô Dieu ! te presse
De me sauver de tes coups.
   Seigneur ! Seigneur !
J'attends tout de ta tendresse ; } *bis.*
Désarme ton bras vengeur.
   Seigneur, etc.

5. Israël, jadis coupable,
Pleure ses égarements ;
Bientôt ta main secourable
En suspend les châtiments.
   Seigneur ! Seigneur !
Jette un regard favorable } *bis.*
Sur ce malheureux pécheur.
   Seigneur, etc.

4. Je ne puis rien sans ta grâce,
Daigne donc me secourir ;
Seul, j'ai causé ma disgrâce,

Seul, je ne puis revenir.
　　Seigneur ! Seigneur !
L'espoir a fait place
A ma trop juste frayeur.
　　Seigneur, etc.

} bis.

Mes soupirs sont ton ouvrage ;
Puisse mon cœur malheureux
Te venger de mon outrage
Et de mes coupables feux !
　　Seigneur ! Seigneur !
Que mon cœur longtemps volage
N'aime plus que sa douleur.
　　Seigneur, Seigneur
Que mon cœur longtemps volage
N'aime plus que sa douleur.

Danger du délai de Conversion. (*N*º 124.)

1. Si le Seigneur est bon, le crime enfin le lasse ;
Les justes châtiments en sont le triste fruit ;
　　　Notre mépris le chasse
　　　Quand sa bonté nous suit,
　　　Et tôt ou tard la grâce
　　　　S'enfuit.

2. Plus il nous a chéris, plus il est redoutable ;
Son amour outragé se transforme en courroux ;
　　　Alors il nous accable
　　　Des plus terribles coups ;
　　　C'est un juge implacable
　　　　Pour nous.

3. Autant qu'il hait le crime, il aime l'innocence ;
C'est pour la couronner qu'il répand ses bienfaits.
　　　Quand on craint sa vengeance,
　　　On ne peut vivre en paix ;
　　　Heureux qui ne l'offense
　　　　Jamais.

4. Le maître qu'il adore, aussi puissant que tendre,
Lui fait tout espérer de son divin secours.
　　　On ne peut le surprendre

Tant qu'il a ce recours ;
Son Dieu sait, le défendre
Toujours.

5. Ne nous étonnons pas si le Seigneur s'irrite ;
Le nombre des pêcheurs est toujours le plus fort.
Quand la terre est détruite
Par un funeste sort,
Le juste seul évite
La mort.

6. Je sais que dans nos maux Dieu même s'intéresse ;
Il descendit des cieux pour nous y rappeler :
Quand le péril nous presse,
Il peut nous consoler ;
Mais, nous devons sans cesse
Trembler.

7. Il n'est pas de liens que sa grâce ne brise ;
Ménageons son secours dès qu'il nous est offert ;
Si, par son entremise,
Le ciel nous est ouvert,
Quiconque le méprise
Le perd.

Prière du Pécheur pénitent. (*N*º 18.)

1. De ce profond, de cet affreux abîme
Où je me suis aveuglément jeté,
Le cœur brisé du regret de mon crime,
J'ose implorer, Seigneur, votre bonté.   *bis.*

2. Prêtez l'oreille à l'ardente prière,
Voyez les pleurs d'un enfant malheureux :
Quoique pécheur, il voit dans vous un père ;
Pouvez-vous être insensible à ses vœux ?   *bis.*

3. Si vous voulez sans user de clémence,
Compter, peser tous nos dérèglements,
Ah ! qui pourra, malgré son innocence,
Se rassurer contre vos jugements ?   *bis.*

4. Mais vous aimez à vous rendre propice,
Et votre bras, toujours lent à punir,
Se plaît à voir désarmer sa justice :
Heureux celui qui sait le prévoir !   *bis.*

5. Cette bonté dans mes maux me console,
Et quoi qu'il plaise au Seigneur d'ordonner,
Je souffre en paix sur sa sainte parole :
Quand il me frappe, il veut me pardonner. *bis.*

6. Ah ! qu'Israël en Dieu toujours espère,
Qu'il en réclame avec foi le secours ;
Ce Dieu puissant, son défenseur, son père,
Dans ses dangers le protège toujours. *bis.*

7. Entre les bras de sa miséricorde,
Avec tendresse il reçoit les pécheurs ;
Et son amour, au pardon qu'il accorde,
Ajoute encor les plus grandes faveurs. *bir.*

8. Peuple, autrefois l'objet de sa vengeance !
Ne gémis plus sur ta captivité ;
Bientôt il va briser, dans sa clémence,
Tous les liens de ton iniquité. *bis.*

Le Pécheur invoque la miséricorde de Dieu. (N° 19)

1. Seigneur, Dieu de clémence,
Reçois ce grand pécheur,
A qui la pénitence
Touche aujourd'hui le cœur ;
Vois d'un œil secourable
L'excès de son malheur.
Et d'un cœur trop coupable
Accepte la douleur.

2. Je suis un infidèle,
Qui méconnus tes lois,
Un perfide, un rebelle,
Qui péchai mille fois.
Jamais dans l'innocence
Je n'ai coulé mes jours ;
Toujours plus d'une offense
En a terni le cours.

3. Chargé de mille crimes,
Souvent j'ai mérité
D'entrer dans les abîmes
Pour une éternité.

J'ai peu craint la colère
De ton bras irrité.
Mais cependant j'espère,
Seigneur, en ta bonté.

4. Lorsqu'à ton indulgence
Un coupable a recours,
Des traits de ta vengeance
Ton cœur suspend le cours :
Rempli de confiance,
J'ose venir à toi :
Au nom de ta clémence,
Grand Dieu, pardonne-moi.

5. Ah ! quand je me rappelle
Combien je fus pécheur,
Une douleur mortelle
S'empare de mon cœur.
Par quel malheur extrême
Ai-je offensé souvent
Un Dieu la bonté même,
Un Dieu si bienfaisant ?

6. Fuis loin, péché funeste,

Dont je fus trop charmé,
Péché que je déteste
Et que j'ai trop aimé !
O Dieu bon ! ô bon père !
Tu vois mon repentir ;
Avant de te déplaire,
Plutôt, plutôt mourir.

7. C'est fait, je le proteste,
Plus de péché pour moi ;
Le ciel que j'en atteste,
Garantira ma foi.
Le Dieu qui me pardonne
Aura tout mon amour !
A lui seul je me donne
Sans borne et sans retour.

Même sujet. (*N° 20.*)

1. Grâce, grâce, suspens l'arrêt de tes vengeances,
Et détourne un moment tes regards irrités :
J'ai péché, mais je pleure ; oppose à mes offenses,
Oppose à leur grandeur celle de tes bontés.   *bis.*

2. Je sais tous mes forfaits, j'en connais l'étendue ;
En tous lieux, à toute heure, ils parlent contre moi ;
Par tant d'accusateurs mon ame confondue
Ne prétend pas contre eux disputer devant toi.   *bis.*

3. Tu m'avais par la main conduit dès ma naissance,
Sur ma faiblesse en vain je voudrais m'excuser ;
Tu m'avais fait, Seigneur, goûter la connaissance,
Mais, hélas ! de tes dons je n'ai fait qu'abuser.   *bis.*

4. De tant d'iniquités la foule m'environne :
Fils ingrat, cœur perfide, en proie à mes remords,
La terreur me saisit, je frémis, je frissonne,
Pâle et les yeux éteints, je descends chez les morts. *bis.*

5. Ma voix sort du tombeau ; c'est du fond de l'abîme
Que j'élève vers toi mes douloureux accents ;
Fais monter jusqu'aux pieds de ton trône sublime
Cette mourante voix et ces cris languissants.   *bis.*

6. O mon Dieu ! quoi ! ce nom, je le prononce encore !
Non, non, je t'ai perdu ; j'ai cessé de t'aimer.
O juge qu'en tremblant je supplie et j'adore !
Grand Dieu ! d'un nom plus doux je n'ose te nommer. *bis.*

7. Dans les gémissements, l'amertume et les larmes
Je repasse des jours perdus dans les plaisirs ;
Et voilà tout le fruit de ces jours pleins de charmes :
Un souvenir affreux, la honte et les soupirs.   *bis.*

8. Ces soupirs devant toi sont ma seule défense,
Par eux un criminel espère t'attendrir.

N'as-tu pas un trésor de grâce et de clémence?
Dieu de miséricorde, il temps de l'ouvrir. *bis.*

9. Je me jette à tes pieds, ô croix ! chaire sublime,
D'où l'homme de douleur instruit tout l'univers ;
Saint autel où l'amour embrâse la victime!
Arbre où mon Rédempteur a suspendu mes fers. *bis.*

10. Drapeau du souverain qui marche à notre tête,
Tribunnl de mon juge et trône de mon roi ;
Char du triomphateur dont je suis la conquête,
Lit où j'ai pris naissance, il faut mourir sur toi ! *bis.*

Sentiments de Contrition. (*N*° 21.)

1. Hélas !
Quelle douleur
Remplit mon cœur,
Fait couler mes larmes !
Hélas !
Quelle douleur
Remplit mon cœur
De crainte et d'horreur !
Autrefois,
Seigneur, sans alarmes,
De tes lois
Je goûtais les charmes :
Hélas !
Vœux superflus,
Beaux jours perdus,
Vous ne serez plus !!!
2. La mort
Déjà me suit ;
O triste nuit !
Déjà je succombe :
La mort
Déjà me suit;
Le monde fuit,
Tout s'évanouit.
Je la vois
Entr'ouvrant ma tombe
Et sa voix
M'appelle et j'y tombe.

O mort !
Cruelle mort !
Si jeune encore !
Quel funeste sort!
5. Frémis,
Ingrat pécheur,
Un Dieu vengeur
D'un regard sévère,
Frémis,
Ingrat pécheur,
Un Dieu vengeur
Va sonder ton cœur.
Malheureux !
Entends son tonnerre ;
Si tu peux,
Soutiens sa colère :
Frémis;
Seul aujourd'hui,
Sans nul appui
Parais devant lui.
4. Grand Dieu !
Quel jour affreux
Luit à mes yeux !
Quel horrible abîme,
Grand Dieu !
Quel jour affreux
Luit à mes youx !
Quels lugubres feux !

Oui l'enfer,
Vengeur de mon crime,
Est ouvert,
Attend sa victime.
Grand Dieu !
Quel avenir !
Pleurer, gémir,
Toujours te haïr !
5. Beau Ciel,
Je t'ai perdu,
Je t'ai vendu
Par de vains caprices ;
Beau Ciel,
Je t'ai perdu,
Je t'ai vendu ;
Regret superflu !
Loin de toi,
Toutes les délices
Sont pour moi
De nouveaux supplices.
Beau Ciel !
Toi que j'aimais,
Qui me charmais,
Ne te voir jamais !...
6. O vous !
Amis pieux,
Toujours joyeux !
Et plein d'espérance !
O vous !
Amis pieux,
Toujours joyeux,
Moi seul malheureux !
J'ai voulu
Sortir de l'enfance ;
J'ai perdu
L'aimable innocence.

O vous !
Du Ciel un jour
Heureuse Cour,
Adieu sans retour.
7. Non, non,
C'est une erreur ;
Dans mon malheur,
Hélas ! je m'oublie.
Non, non,
C'est une erreur ;
Dans mon malheur,
Je trouve un Sauveur.
Il m'entend,
Me réconcilie ;
Dans son sang
Je reprends la vie.
Non, non :
Je l'aime encor,
Et le remords
A changé mon sort.
8. Jésus !
Manne des cieux,
Pain des heureux,
Mon cœur te réclame ;
Jésus !
Manne des cieux,
Pain des heureux,
Viens combler mes vœux.
Désormais
Ta divine flamme
Pour jamais
Embrâse mon ame.
Jésus !
O mon Sauveur !
Fais de mon cœur
L'éternel bonhuer.

Amende honorable à Jésus-Christ outragé dans ses Temples. (N° 85.)

1. Soupirons, gémissons, pleurons amèrement :
On délaisse Jésus au Très St-Sacrement ;

On l'oublie; ô douleur ! on l'insulte, on l'outrage :
Vous du moins qui l'aimez, venez lui rendre hommage.

2. Vit-on jamais , grand Dieu , de siècle plus pervers !
Les théâtres sont pleins , vos temples sont déserts.
D'adorateurs zélés à peine un petit nombre
Des Chrétiens nos aïeux nous retrace quelque ombre.

3. Pourquoi donc parmi nous fixer votre séjour ?
Pourquoi ne nous donner que des marques d'amour
Dans ces asiles saints, où mille irrévérences
Devraient faire éclater vos trop lentes vengeances ?

4. Que voyez-vous, Seigneur, dans vos sacrés parvis ?
Autour de vous frémit un peuple d'ennemis ;
Du respect religieux les ris ont pris la place,
Et le crime paré s'y montre avec audace.

5. Gémis, mon cœur, gémis ; mes yeux, fondez en pleurs:
Les païens à leurs dieux rendirent mille honneurs,
Et le Dieu des chrétiens insulté par l'impie,
Jusque dans son palais voit sa cause trahie.

6. Quoi donc ! faire la guerre à son propre avocat !
Attaquer sur son trône un Dieu, quel attentat !
Au trône de sa grâce insulter sa justice !
Est-il pour ce forfait un assez grand supplice !

7. Ah ! je suis outragé par mes propres amis,
Plus cruels mille fois que tous mes ennemis.
Ainsi se plaint Jésus à vous, ames fidèles :
Réparez en ce jour ces injures cruelles.

8. Et vous, Seigneur, frappez ces cœurs toujours ingrats
Du moins ils vous craindront, s'ils ne vous aiment pas.
Joignez votre justice à votre amour immense,
On verra succéder la crainte à l'insolence.

9. Mais, plutôt, pardonnez à ces pauvres pécheurs,
En déchargeant sur nous les coups de vos fureurs :
Pardon, cœur de Jésus, cœur tendre, cœur aimable ;
Ah ! ne rejetez pas notre amende honorable.

10. Si notre sang, grand Dieu, pouvait vous rendre
      honneur;
Frappez, percez, tranchez, immolez jusqu'au cœur;
Ne nous regardez plus que comme des victimes
Prêtes à tout souffrir pour réparer nos crimes.

11. Nous voici prosternés aux pieds de vos autels :
Vous pouvez nous frapper, nous sommes criminels.
Mais si vous regardez votre sang et nos larmes,
De vos mains, Dieu d'amour, vont s'échapper les armes.

Sur la Foi. (N° 25.)

1. Que tout cède à la Foi ;
C'est la raison suprême,
Et notre raison même
Souscrit à cette loi :
Que tout cède à la Foi.
2. Le Seigneur a parlé,
Sa voix s'est fait entendre,
Nous croyons sans com-
prendre
Ce qu'il a révélé ;
Le Seigneur a parlé.
3. Le fils du Dieu vivant
Au monde a voulu naître ;
On l'a dû reconnaître
En œuvres tout-puissant,
Le Fils du Dieu vivant.
4. Douze pauvres pécheurs
Ont annoncé sa gloire ;
Partout ils ont fait croire
Ces sublimes grandeurs,
Douze pauvres pécheurs.
5. Ah ! quel plus sûr garant
Que leur seul témoignage ?

Ils ont donné pour gage
Leur vie avec leur sang.
Ah ! quel plus sûr garant ?
6. Malgré tous les tyrans,
La mort même féconde,
A peuplé tout le monde
De Chrétiens renaissants,
Malgré tout les tyrans.
7. Nous avons des Pasteurs,
Successeurs des Apôtres :
D'où sont venus les vôtres,
Hérétiques trompeurs ?
Nous avons des Pasteurs.
8. Je suis sûr de ma Foi
En consultant l'Eglise,
Et mon ame soumise
Reçoit d'elle la loi :
Je suis sûr de ma Foi.
9. Que tout cède à la Foi :
C'est la raison suprême,
Et notre raison même
Souscrit à cette loi :
Que tout cède à la Foi.

Importance de la Loi évangélque. (N° 119.)

1. Le temps s'échappe comme un songe,
Chacun de nos jours est compté,
Et l'homme, ardent pour le mensonge,
Se lasse à fuir la vérité.
Science, ah ! trompeuse lumière,
Non, vous ne m'éblouirez plus.

Fuyez, fuyez la foi m'éclaire :
Je ne veux savoir que Jésus.

2. L'insensé, dans ses longues veilles ;
Seigneur , a mesuré les cieux :
Hélas ! un monde de merveilles
Ne te montre point à ses yeux.
    Science, etc.

5. Pour une gloire fugitive,
Du ciel il détache son cœur ;
Mais tout-à-coup la mort arrive :
Il s'éveille , et voit son erreur.
    Science, etc.

4. En vain des louanges l'honorent,
Sa cendre ne les entend pas,
Et, dans les feux qui le dévorent,
Qui peut le soustraire à ton bras ?
    Science , etc.

Sur l'Espérance. (No 25.)

J'espère en vous,
Dieu tout-puissant: Dieu de clémence;
    J'espère en vous,
O père si tendre et si doux !
C'est vous qui, par votre puissance,
Des biens répandez l'abondance ;
    J'espère en vous.

2. J'espère en vous,
Fidèle dans vos promesses;
    J'espère en vous.
Toujours libéral envers tous ,
Vous promettez avec tendresse,
Vous répandez avec largesse ;
    J'espère en vous.

5. J'espère en vous ;
Quelque disgrâce qui m'accable ,
    J'espère en vous ;
Quelque pesants que soient vos coups,
C'est la main d'un juge équitable,
D'un bon maître, d'un père aimable ;
    J'espère en vous.

2.

4. J'espère en vous ;

Dans la langueur, dans la souffrance,
    J'espère en vous.
La souffrance est un bien pour nous ;
Par elle votre providence
Veut éprouver notre constance ;
    J'espère en vous.

5. J'espère en vous ;
Quoique l'enfer médite ou fasse,
    J'espère en vous.
Non, je ne craindrai point ses coups :
Il n'est point, avec votre grâce,
D'ennemi que je ne terrasse ;
    J'espère en vous.

6. J'espère en vous ;
Malgré mes fautes, ma misère,
    J'espère en vous.
Confus, tremblant à vos genoux,
J'implore ma grâce, ô mon Père !
Apaisez donc votre colère ;
    J'espère en vous.

7. J'espère en vous ;
Par Jésus-Christ qui me ranime,
    J'espère en vous :
Il s'est fait victime pour nous ;
Par le sang de cette victime
O mon Dieu ! pardonnez mon crime ;
    J'espère en vous.

8. J'espère en vous ;
Ah ! sauvez-moi, je le désire ;
    J'espère en vous.
Jésus meurt pour nous sauver tous ;
Il pense à moi quand il expire ;
Couvert de son sang j'ose dire :
    J'espère en vous.

Bonheur de ceux qui aiment Dieu (N° 25.)

1. Heureux qui goûte les doux charmes
  De l'aimable et céleste amour !

Son cœur d'une paix sans alarmes
Devient le tranquille séjour.
Refr. Esprit-Saint, descends sur la terre,
    Embrâse-la d'un si beau feu :
    Ah ! s'il est doux d'aimer un père
    Comment ne pas aimer un Dieu ?
2. O vous que l'infortune afflige !
  Ne craignez point votre douleur;
    L'amour opère tout prodige,
    Il change nos maux en bonheur.
      Esprit-Saint, etc.
3. Je le sens, cet amour extrême;
  Il me prévient de sa douceur;
    Mais pour t'aimer, bonté suprême,
    Non ce n'est point assez d'un cœur.
      Esprit-Saint, etc.

Effusion de l'Amour divin. (*Nos* 24 *et* 143.)

    1. Brûlons d'ardeur,
      Brûlons sans cesse;
      Brûlons d'ardeur
      Pour le Seigneur.
A n'aimer que lui tout nous presse,
Lui seul mérite notre cœur.
      Brûlons d'ardeur,
      Brûlons sans cesse,
      Brûlons d'ardeur
      Pour le Seigneur.
    2. Lui seul est grand,
      Saint, adorable ;
      Lui seul est grand,
      Seul tout-puissant.
Ah ! qu'il est bon ! qu'il est aimable !
Tout en lui, tout est ravissant.
      Lui seul est grand, etc.
    3. C'est le Seigneur
      Tout charitable ;
      C'est le Seigneur
      Le Rédempteur.

Oh! qu'un chrétien est donc coupable
Lorsqu'il vit pour lui sans ardeur !
        C'est le Seigneur, etc.
    4. Plein de bonté
        Pour un coupable,
        Plein de bonté,
        De charité,
Ce Dieu, dans son sang adorable,
A lavé mon iniquité.
        Plein de bonté, etc.
    5. De sa fureur
        Un Dieu menace,
        De sa fureur,
        Notre froideur.
N'avoir pour lui qu'un cœur de glace
N'est-ce pas le plus grand malheur !
        De sa fureur, etc.
    6. Viens m'animer,
        Amour céleste,
        Viens n'animer,
        Viens m'enflammer.
Plein de dégoût pour tout le reste,
C'est Dieu seul que je veux aimer.
        Viens m'animer, etc.
    7. Ce n'est qu'à vous
        Que je veux être,
        Ce n'est qu'à vous,
        O Dieu si doux !
Possédez seul, aimable Maître,
Un cœur dont vous êtes jaloux.
        Ce n'est qu'à vous, etc.
    8. Quelle douceur !
        Quand on vous aime !
        Quelle douceur !
        Ah ! quel bonheur !
On goûte au-dedans de soi-même
Une paix qui ravit le cœur.
        Quelle douceur, etc.
    9. Régnez en moi,
        Dieu tout aimable;

Régnez en moi,
Mon divin Roi.
Pour preuve d'amour véritable,
Que j'observe en tout votre loi.
Régnez en moi, etc.

10. C'est mon désire,
Dieu de mon âme,
C'est mon désir
De vous servir.
De plus en plus que je m'enflamme;
Que d'amour je puisse mourir
C'est mon désir, etc.

11. O vérité !
O bien suprême !
O vérité !
O charité !
Faites, grand Dieu que je vous aime
Dans le jour de l'éternité.
O vérité ! etc.

Sur la Prière. (*N*° 25.)

1. Il faut prier,
Du Seigneur c'est la loi
suprême ;
Il faut prier,
Afin de nous sanctifier.
Mais que, pour ce Dieu
qui nous aime,
Notre tendresse soit extrê-
me,
Pour bien prier.

2. Il faut prier,
Ce Dieu notre souverain
Maître;
Il faut prier;
A ses pieds gémir, supplier

Mais en coupable il faut
paraître,
Et notre orgueil doit dis-
paraître,
Pour bien prier.

5. Il faut prier,
Quelle occupation plus
sainte?
Il faut prier,
Bénir Dieu, le glorifier.
Mais de ces traits que l'ame
empreinte,
Unisse l'amour à la crainte
Pour bien prier.

4. Il faut prier,

N'oublions point cette maxime ;
Il faut prier,
Louer Dieu, le remercier.
Mais qu'un feu sacré nous anime,
Nous fasse détester le crime,
Pour bien prier.
5. Il faut prier,
A l'aspect de notre misère
Il faut prier,
Afin de nous fortifier.
Mais notre cœur doit de la terre
Mépriser les biens, la poussière,
Pour bien prier.
6. Il faut prier
Avec une foi vive et pure ;
Il faut prier,
Afin de nous purifier.
Il faut que notre ame attentive,
Soit humble, fervente et plaintive,
Pour bien prier.
7. Il faut prier
Avec ardeur et confiance
Il faut prier
Sans se lasser, sans s'ennuyer.
Qu'à Dieu notre persévérance
Fasse une sainte violence
Pour bien prier.
8. Il faut prier,
Du Très-Haut chanter les louanges ;
Il faut prier,
Au ciel il faut s'associer
Il faut nous unir aux saints Anges,
A Marie, aux Saints, aux Archanges,
Pour bien prier

Sur la présence de Dieu. (*N°* 26.)

1. Où puis-je me cacher
Lorsque je veux pécher ?
O grand Dieu que j'adore !
Partout, Dieu tout-puissant,
Du couchant à l'aurore
N'êtes-vous pas présent ?
2. Irai-je vers les Cieux ?
Assis dans ces hauts lieux,
Vous formez le tonnerre ;
Quand même j'entrerais
Au centre de la terre,
Je vous y trouverais.
3. Si je veux, ô Seigneur !
Pécher à la faveur
D'une nuit ténébreuse,
La nuit, mon Dieu, pour vous
Est aussi lumineuse
Que le soleil pour nous.
4. En vain mon cœur dira :
Ici l'on ne pourra
Ni me voir, ni m'entendre :
Le vif remords qu'il sent,
Seigneur, me fait comprendre
Que vous êtes présent.
5. D'où me vient cet effroi
Que je sens malgré moi,

Que je ne puis contraindre ?
Étant seul à l'écart,
O mon Dieu ! qu'ai-je à crain-
  dre ?
Ah ! c'est votre regard.
6. Pour vivre saintement,
Faites qu'à tout moment
De vous je me souvienne
Et que votre regard

Dans mon devoir me tienne,
Seigneur, à votre égard.
7. Que la nuit et le jour
Mon ame, ô Dieu d'amour !
Marche en votre présence :
Qu'en tel lieu que ce soit,
Je dise et que je pense :
Dieu m'entend, Dieu me
  voit.

Avant le Sermon. (*N°* 27.)

1. O Saint-Esprit ! donnez-nous vos lumières ;
   Venez en nous pour nous embrâser tous ;
   Pour nous régler et former nos prières ;
   Nous ne pouvons faire aucun bien sans vous.
2. Priez pour nous, sainte Vierge Marie ;
   Obtenez-nous grâce auprès du Sauveur,
   Pour écouter ces paroles de vie,
   Et les garder comme vous dans nos cœurs.

Même Sujet. (*N°* 28.)

1. Je viens à vous, Seigneur, instruisez-moi ;
   L'homme sans vous ne peut rien nous apprendre ;
   Vous seul pouvez enseigner votre loi,
       Vous seul au cœur   *bis.*
       Pouvez la faire entendre.   *bis.*
2. Embrâsez donc d'une céleste ardeur
   Celui qui vient annoncer l'Evangile.
   Faites aussi, mon Dieu, que l'auditeur
       Ait pour l'entendre   *bis.*
       Un cœur humble et docile.   *bis.*
3. Mère de Dieu, refuge des pécheurs,
   Priez Jésus, le Sauveur de nos ames,
   Qu'à sa parole il soumette nos cœurs,
       Pour les remplir   *bis.*
       De ses divines flammes.   *bis.*

Invocation au Saint-Esprit. (*N° 100.*)

Esprit saint, descendez en nous ;   *bis.*
Embrâsez notre cœur de vos feux,   ⎫
     De vos feux   ⎬ *bis.*
     Les plus doux.   ⎭
Sans vous notre vaine prudence
Ne peut, hélas ! que s'égarer ;
Ah ! dissipez notre ignorance :   *bis.*
    Esprit d'intelligence,   ⎱ *bis.*
    Venez nous éclairer.   ⎰

Refr. Esprit saint, descendez en nous, etc.
Le noir enfer, pour nous livrer la guerre,
Se réunit au monde séducteur :
Tout est pour nous embûche sur la terre,
Soyez, soyez notre libérateur.
Refr. Esprit saint, etc.
Enseignez-nous la divine sagesse ;
Seule elle peut nous conduire au bonheur ;
Dans ses sentiers qu'heureuse est la jeunesse !
    Qu'heureuse est la vieillesse !
Refr. Esprit saint, etc.

Invocation avant le Sermon. (*N° 29.*)

1. Dieu d'amour,
    En ce jour,
Viens et descends dans mon ame.
Oui, viens, mon ame est à toi sans retour ;
    Mon cœur qui te réclame,
    Abjure ses erreurs,
    Et désire, esprit de flamme,
Brûler de tes saintes ardeurs.
    Mon cœur, etc.
    2. Ah pourquoi,
      Loin de toi,
Cherché-je un bonheur frivole ?
On ne peut être heureux que sous ta loi.

C'est elle qui console
Tes vrais adorateurs ;
Appuyés sur ta parole,
Ils sont au-dessus des malheurs.
C'est elle qui console, etc.

3. Il est temps,
Je me rends :
Seigneur ta bonté m'enchante,
Mon cœur se livre aux plus doux sentiments ;
Sous ta loi bienfaisante,
Si tu veux, ô mon Dieu !
Fixer mon ame inconstante,
Viens s'y graver en trait de feu.
Sous ta loi, etc.

4. Si jamais
J'oubliais
La loi que tu m'as tracée,
Je m'abandonne à tes justes arrêts.
Que ma langue glacée
S'attache à mon palais,
Et que mon ame lassée
Ne trouve ni repos, ni paix.
Que ma langue glacée, etc.

Avantages de l'instruction chrétienne. (N° 121.)

1. Salut, aimable et cher asile,
Où Dieu même instruit ses enfants,
Où des beautés de l'Evangile
Il charme leur cœur innocent.
Ce n'est plus au bruit du tonnerre
Qu'il vient leur annoncer ses lois ;
C'est un Sauveur, un tendre Père,
Dont j'entends aujourd'hui la voix.　　*bis.*

2. Ici la Foi de ses nuages
Semble à nos yeux se dégager,
Et les esprits les plus volages
Sous son joug viennent se ranger ;
Ici, de son souffle ineffable

La grâce enflamme nos désirs,
Nous rend la vertu plus aimable,
De nos devoirs fait nos plaisirs.　　　　　*bis.*

3. Dans tes murs, sacré sanctuaire,
Le ciel pour nous a plus d'attraits;
Plus vive y monte ma prière,
Plus prompts descendent ces bienfaits.
Ah ! pour cette troupe nombreuse,
Qu'ici commence le beau jour,
Où des saints la famille heureuse
Vivra, Seigneur, de ton amour !

Prière au Saint-Esprit. (*N*° 31.)

1. Esprit saint, Esprit de lumière,
Venez en nous, du haut des cieux :
Sur les habitants de la terre
Versez tous vos dons précieux.　　　　　*bis.*
Des pauvres secourable père,
Source féconde de tout bien,
Votre grâce est notre soutien
Et le flambeau qui nous éclaire :
Eclairez vos enfants, dirigez leurs travaux ;
Venez (*bis*) et de ce jour écartez tous les maux. *bis.*

2. Hôte bienfaisant de nos ames
Et leur tendre consolateur,
Venez de dangereuses flammes
Eteindre la funeste ardeur,
Et que vos ineffables charmes
Nous animent dans nos combats,
Contre le vice et ses appas
Nous prêtent de puissantes armes.
Eclairez, etc.

3. Que votre clarté salutaire
Remplisse le fond de nos cœurs !
Sans vous l'homme n'est que misère
Et le jouet de ses erreurs.　　　　　*bis.*
Effacez toutes nos souillures,
Arrosez nos cœurs déssechessés ;
Daignez guérir de nos péchés
Les trop dangereuses blessures.　　*Eclairez, etc.*

Invocation de la Sainte-Vierge. (*N°* 32.)

Je mets ma confiance,
Vierge, en votre secours :
Servez-moi de défense,
Prenez soin de mes jours ;

Et quand ma dernière heure
Viendra fixer mon sort,
Obtenez que je meure
De la plus sainte mort.

Pour l'Elévation et la Bénédiction.
(*N°s* 33 *et* 138.)

1. Sur cet autel,
Ah ! que vois-je paraître !
Jésus mon Roi, mon divin Maître,
Sur cet autel !
Sainte Victime,
Vous expiez mon crime
Sur cet autel.
2. De tout mon cœur,
Dans ce profond mystère,
Je vous adore et vous révère
De tout mon cœur.
Bonté suprême !
Que toujours je vous aime
De tout mon cœur.

Même Sujet. (*N°* 34.)

1. Recueillons-nous, le prodige s'opère :
Jésus paraît ; Jésus descend des Cieux ;
En ce moment il arrive en ces lieux ;
Je me prosterne et le révère ;
Je l'adore et je crois :
C'est mon Roi, c'est mon Père,
Ce mystère ne l'est plus pour moi :
Une céleste lumière   *bis.*
Brille et m'éclaire, oui je le vois.   *bis.*
2. Disparaissez, vains objets de la terre,
Vous n'aurez plus d'empire sur mon cœur ;

Jésus faisant ma joie et mon bonheur,
Je veux le servir et lui plaire,
N'écouter que sa voix ;
C'est pour moi qu'il s'abaisse,
Sa tendresse réveille ma foi ;
Que sa bonté me bénisse,   *bis.*
Que j'accomplisse sa sainte loi.   *bis.*

Même Sujet. (*N*° 35.)

1. Dans ce profond mystère,
Où la foi sait te voir,
Tout en nous te révère ;
Tu fixes notre espoir.
A la fin de la vie,
Divine Eucharistie,
Nourris par toi du pain de ton amour,
Dans la cité chérie
Nous te verrons un jour.
2. Puisse notre tendresse
Obtenir de ton cœur
La sublime sagesse
Qui mène au vrai bonheur !
A la fin de la vie, etc.
3. Que tout en nous s'unisse
Pour chanter tes bienfaits ;
Que ta bonté bénisse
Nos vœux et nos souhaits.
A la fin de la vie, etc.
4. Sur nous daigne répandre
Tes bénédictions,
Et fais-nous bien comprendre
La grandeur de tes dons.
A la fin de la vie, etc.

Même Sujet. (*N*° 36.)

1. Amour (*ter*) au divin Rédempteur ;
Il vient s'offrir en sacrifice

Pour fléchir du ciel la justice ;
Répétons tous avec ardeur :
Amour au divin Rédempteur.   *bis.*

2. Honneur (*ter*), c'est lui, c'est notre Dieu ;
'Chrétiens, rendons-lui nos hommages !
Que la foi perce les nuages
Qui le cachent dans ce saint lieu.
Honneur, c'est lui, c'est notre Dieu.   *bis.*

Même Sujet. (*N*º 37.)

1. Jésus vient en ces lieux,   *bis.*
    Adorons ce mystère,
    Il abaisse les cieux,   *bis.*
    Pour visiter la terre ;
Faisons au fils de l'Eternel
De notre cœur l'hommage solennel.
        Pour notre amour,
        De son séjour   } *bis.*
    Il descend sur l'autel.

2. Je t'adore en tremblant,
    Divinité cachée :
    De ton abaissement
    Mon ame est étonnée :
C'est le secret de ton amour.
De tes enfants tu veux que dès ce jour
        La vive foi
        Jusques à toi   } *bis.*
    S'élève sans retour.

Même Sujet. (*N*º 1.)

1. Sur cet autel,
Le Fils de Dieu pour nous sauver s'abaisse.
    Sur les pas du Verbe immortel
    Accourez, habitants du ciel,
    Venez célébrer sa tendresse,
        A cet autel.
    2. Sur cet autel
Jetez les yeux, voyez un sacrifice

5

Plus digne que celui d'Abel ;
Nous cessons, ô Père éternel !
De redouter votre justice,
A cet autel.

3. Sur cet autel,
O mon Jésus ! comme sur le Calvaire,
Au jour sanglant et solennel
Où tu reçus le coup mortel,
Tu viens encore sauver la terre,
Sur cet autel.

4. Sur cet autel,
O mon Sauveur ! je te crois, je t'adore,
Perçant le voile naturel
Qui cache le présent du ciel ;
Je te bénis et je t'implore,
A cet autel.

Même Sujet. (N°s 39 et 40.)

1. Que cette voûte retentisse
Des voix et des chants des mortels ;
Que tout ici s'anéantisse,
Jésus paraît sur nos Autels.   *bis.*

2. Quoique caché dans ce mystère
Sous les apparences du pain,
C'est notre Dieu, c'est notre père,
C'est le Sauveur du genre humain.   *bis.*

3. O divin époux de nos ames !
Dans cet auguste Sacrement,
Embrasez-nous tous de vos flammes
En vous faisant notre aliment.   *bis.*

Même Sujet. (N° 38.)

1. Adorons tous dans ce profond mystère
Un Dieu caché que notre foi révère.
Que nos œuvres, nos cœurs et nos chants les plus doux
S'accordent à louer un Dieu si près de nous,
Un Dieu si près de nous.   *bis.*

2.Pour nous sauver et nous donner la vie,
    O doux Jésus ! vous êtes dans l'Hostie.
Ah ! soulagez nos maux, calmez nos passions,
Et répandez sur nous vos bénédictions,
        Vos bénédictions.   *bis.*
3. Anges témoins de ses faveurs nouvelles,
    Rendez pour nous des grâces immortelles;
Aidez-nous à bénir l'auguste Trinité
Dans la suite des temps et dans l'éternité,
        Et dans l'éternité.   *bis.*

Même Sujet. (N° 41.)

1. O prodige d'amour ! spectacle ravissant !
Sous un pain qui n'est plus Dieu cache sa présence.
Ici pour le pécheur il est encore mourant;
Les anges étonnés l'adorent en silence:
        Prosternez-vous, offrez des vœux ;   } *bis.*
        Oui, mortels, c'est le roi des cieux.
2. Jésus ! qu'un voile obscur ici couvre à mes yeux,
Satisfaites bientôt la soif qui me dévore :
Que je vous voie enfin dans ce royaume heureux
Où l'ame, à découvert, vous aime et vous adore.
        O quand verrai-je ce beau jour
        Qui couronnera mon amour !   } *bis.*

Même Sujet. (N° 107.)

1. Courbons nos fronts respectueux ;
    Sous ces voiles mystérieux
    L'amour cache le roi des cieux ;
    Unissons nos pieux cantiques
    Aux accents des cœurs angéliques.
    Oui, Jésus, nous le jurons tous,
    Nous n'aimerons jamais que vous ;
    O Jésus ! nous le jurons tous,   *bis.*
        Jésus, Jésus,
    Nous n'aimerons jamais que vous.   *bis.*

2. O Jésus, monarque éternel,
Puisse, en ce moment solennel,
Notre ame vous servir d'autel !
Que votre divine présence
Nous donne la paix, l'innocence.
Oui, Jésus, nous le jurons tous,
Nous n'aimerons jamais que vous ;
O Jésus ! nous le jurons tous.   *bis.*
     Jésus, Jésus,
Nous n'aimerons jamais que vous.   *bis.*

Même Sujet. (*N°* 42.)

1. Silence, Ciel ! silence terre !
Le plus redoutable mystère
Sur cet Autel et sous nos yeux
          S'opère ;
L'Eternel descend en ces lieux
          Des Cieux.
2. Prosternons-nous, rendons hommage
A ce Dieu que l'amour engage
A nous donner de son amour
          Le gage.
Rendons-lui, par un prompt retour,
          Amour.

Même Sujet. (*N°* 43.)

1. Adorons ici notre Dieu ;
C'est lui, chrétiens, rendons-lui nos hommages :
   Que la foi perce les nuages   } *bis.*
   Qui le cachent en ce saint lieu.
2. Prosternons-nous à ses pieds ;
Pleurons ici, confessons notre offense.
   Nous éprouverons sa clémence   } *bis.*
   Si nos cœurs sont humiliés.
5. bénissez-nous, divin Jésus ;
Jetez sur nous un regard salutaire,
   Le doux regard d'un tendre père, } *bis.*
   Ce regard qui fait les Elus.

4. Gloire, honneur, bénédiction
Au fils de Dieu, le sauveur de nos ames ;
  Que nos cœurs des plus pures flammes
  Brûlent toujours pour son saint nom ! } *bis.*

Même Sujet. (*N*° 44.)

1. Sous ce dehors obscur qui vous cache à nos yeux,
Seigneur, nous vous croyons le puissant Roi des Cieux,
Et d'un profond respect, à travers ce nuage,
Prosternés a vos pieds, nous vous rendons hommage,
2. Verbe divin fait chair, Rédempteur des mortels,
Daignez nous bénir tous de vos sacrés autels ;
Bénissez nos travaux, bénissez nos souffrances,
Bénissez nos desseins, pardonnez nos offenses.

Même Sujet. (*N*° 45.)

O Jésus, victime adorable !
Qu'envers nous votre amour est fort !
Vous daignez pour l'homme coupable,
Vous assujétir à la mort. (*fin.*)
Père tendre, bonté suprême !
Quand vous aimerai-je à mon tour ?
Quand pourrai-je pour vous moi-même
M'immoler, expirer d'amour ?
  O Jésus, etc.

La conversion du Pécheur. (*N*° 149.)

1. Le Sauveur, aujourd'hui, jusqu'au plus haut des
    Cieux,
Pécheur, à ton retour veut qu'on fasse une fête.
Chantez, Anges, chantez sa plus douce conquête ;
Célébrez la vertu de son sang précieux !
  2. Que tout le ciel se réjouisse ;
  Le pécheur passe au rang des saints.
  Divin Jésus, qu'on vous bénisse
  De ce chef-d'œuvre de vos mains.

Que tout homme et que tout Ange
Redisent donc cent fois :
Le pécheur est sous vos lois.
A vous seul gloire et louange.

Même Sujet. (N⁰ 47.)

1. Mon doux Jésus, enfin voici le temps
De pardonner à nos cœurs pénitents ;
Nous n'offenserons jamais plus
    Votre bonté suprème,   } bis.
    O doux Jésus,

2. Puisqu'un pécheur vous a coûté si cher,
Faites-lui grâce; il ne veut plus pécher.
Ah ! ne perdez pas cette fois
    La conquête admirable   } bis.
    De votre croix.

3. Enfin, mon Dieu, nous sommes à genoux
Pour vous prier de nous pardonner tous.
Pardonnez nous, ô Dieu clément !
    Lavez-nous de nos crimes   } bis.
    Dans votre sang.

Même Sujet. (N⁰ 48.)

1. O Roi des cieux !
Vous nous rendez tous heureux ;
Vous comblez tous nos vœux
En résidant pour nous dans ces lieux.
    Prodige d'amour,
    Dans ce séjour
Vous vous immolez pour nous chaque jour :
    A l'homme mortel
Vous offrez un aliment éternel.
    O Roi des cieux ! etc.
    2. Seigneur, vos enfants
      Reconnaissants

Vous offrent les plus tendres sentiments ;
    Leurs cœurs, sans retour,
Veulent brûler du feu de votre amour.
    O Roi des cieux ! etc.
  5. Chantons tous en chœur :
    Amour, honneur
A Jésus notre aimable Rédempteur !
    Chantons à jamais
De son amour les éternels bienfaits.
    O Roi des cieux ! etc.

Même sujet. (*N° 113.*)

O prodige d'amour ! ô majesté suprême !
  Le Tout-Puissant descend sur cet autel,
  Et nous voilant son éclat immortel,
Sous un pain qui n'est plus il se donne lui-même. *bis.*
    O quel bienfait ! c'est mon Sauveur,
  Le seul vrai Dieu qui reçoit mon hommage :
J'adore ses grandeurs ; qu'il soit tout mon partage ;
    Seul il fera tout mon bonheur.
    Mais quel nouvel espoir m'enflamme ?
    Que ressens-je au fond de mon ame ?
    Ha ! c'est Jésus ! Ha ! c'est mon Roi ! } *bis.*
  Oui, c'est lui (*bis*) qui se donne à moi. }
O prodige, etc.

Même sujet. (*N*os 49 *et* 116.)

1. Je vois s'ouvrir l'auguste tabernacle ;
  Sur cet autel paraît le Roi des cieux ;
  Heureux mortels ! ce temple est un cénacle ;
  L'esprit d'amour le remplit de ses feux. *bis.*
2. Divin Jésus, mon ame s'abandonne
  Aux saints transports qu'inspire ton amour ;
  O mon Sauveur ! tu m'offres ta couronne,
  Et tu ne veux que mon cœur en retour. *bis.*

3. Je suis à toi : mais quelle est ma faiblesse !
   Répands sur moi ta bénédiction ;
   Soutiens mon cœur, daigne par ta tendresse
   Eterniser cette heureuse union.   *bis.*

Avant la Communion. (*N°* 128.)

1. Amour divin, ô Sagesse éternelle !
   Vous que chérit et désire mon cœur,
   Apparaissez, beauté toujours nouvelle :
   O doux Jésus, avancez mon bonheur !
Ref.   Ah ! loin de moi la coupe empoisonnée
   Qui du méchant consomme le malheur !
   Jésus m'appelle, heureuse destinée !
   Voici l'Epoux ; c'est le Dieu de mon cœur. *bis.*
2. Pourquoi toujours insensible à ses charmes,
   Ai-je oublié si longtemps ses bienfaits ?
   O Dieu sauveur, voyez couler mes larmes,
   Avec mes pleurs acceptez mes regrets.
       Ah loin de moi, etc.
3. Il a voilé l'éclat de sa présence,
   Pour rassurer les timides mortels ;
   Son tendre amour nourrit ma confiance,
   Et me conduit aux pieds des saints autels.
       Ah ! loin de moi, etc.
4. Comment suffire à la reconnaissance ?
   Que vous offrir, ô magnifique Epoux ?
   Revêtez-moi de grâce et d'innocence,
   Rendez mon cœur moins indigne de vous.
       Ah ! loin de moi, etc.

Même sujet. (*N°* 28.)

Prosternés aux pieds des autels,
       Adorons, mortels,
       Rendons hommage
   A ce dieu que l'amour engage
A s'offrir, hélas ! pour des criminels.
   Ciel ! quel ravissant spectacle
   Vient ici frapper mes yeux !

L'Eternel, par un miracle,
  Dans ces lieux
    Descendre
    Des cieux !
Chrétiens, sans plus attendre,
De concert offrons-lui nos vœux.

Même sujet. (N° 50.)

1. Tu vas remplir le vœu de ma tendresse ;
Divin Jésus, tu vas me rendre heureux :
O saint amour ! délicieuse ivresse !
Dans ce moment mon ame est tout en feux.

  Refr. Mon cœur s'enflamme,
    Ne tarde plus ;
    Viens dans mon ame
    O doux Jésus !

2. Princes ornés du riche diadême,
Je me rirai de votre faux bonheur.
C'est toi, toi seul ! ô ma beauté suprême !
Qui règneras sur mes sens et mon cœur. *Refr.*

3. Ne tarde plus mon adorable Père,
Ne tarde plus à venir dans mon cœur.
Rien sans Jésus ne peut le satisfaire ;
Tout autre objet est pour lui sans douceur. *Refr.*

4. Divin Epoux, tu descends dans mon ame,
C'est aujourd'hui le plus beau de mes jours.
Que tout en moi se ranime et s'enflamme :
Divin Epoux, je t'aimerai toujours. *Refr.*

5. Il est à moi ce Dieu si plein de charmes,
Mon bien-aimé, mon aimable Sauveur :
Echappez-vous de mes yeux, douces larmes,
Coulez, coulez, annoncez mon bonheur. *Refr.*

6. Que ce bonheur est grand, incomparable !
Du saint amour je ressens les langueurs.
De ce beau feu, si pur si désirable,
Ah ! qu'à jamais je goûte les douceurs ! *Refr.*

Actes avant la première Communion.

(N°s 51 et 52.)

1. Troupe innocente
D'enfants chéris des Cieux,
  Dieu vous présente
Son festin précieux ;
Il veut, ce doux Sauveur,
Entrer dans votre cœur.
Dans cette heureuse attente,
Soyez pleins de ferveur,
  Troupe innocente.

Acte de Foi et d'Adoration.

2. Mon divin Maître,
Par quel amour, comment
  Daignez-vous être
Dans votre sacrement ?
Vous y venez pour moi.
Plein d'une vive foi,
J'y viens vous reconnaître
Pour mon Sauveur, mon
  Roi,
  Mon divin Maître.

Acte d'Humilité.

3. Dieu de puissance,
Je ne suis qu'un pécheur ;
  Votre présence
Me remplit de frayeur.
Mais pour voir effacés
Tous mes péchés passés,
Un seul trait de clémence,
Un mot seul est assez,
  Dieu de puissance.

Acte de Contrition.

4. Mon tendre Père,
Acceptez les regrets
  D'un cœur sincère,
Honteux de ses excès ;
Vous m'en verrez gémir
Jusqu'au dernier soupir.
Avant de vous déplaire
Puissé-je ici mourir,
  Mon tendre Père !

Acte d'Amour.

5. Plus je vous aime,
Plus je veux vous aimer,
  O bien suprême,
Qui seul peut me charmer !
Mais, ô Dieu plein d'at-
  traits !
Quand, avec vos bienfaits,
Vous vous donnez vous-
  même,
Plus en vous je me plais,
  Plus je vous aime.

Acte de Désir.

6. Que je désire
De ne m'unir qu'à vous !
  Que je soupire
Après un bien si doux !
  Oh ! quand pourra mon
  cœur
S'énivrer du bonheur
D'être sous votre empire !
Hâtez-moi la faveur
  Que je désire.

Pour la sainte Communion. (N° 53.)

1. Vous m'ordonnez, grand Dieu, d'aller à vous,
Et vous voulez être ma nourriture ;
Mon cœur soupire après un bien si doux.
Je ne crains plus, votre amour me rassure.
Refr. Il vient : quel torrent de plaisir !
    Tout cède au pouvoir de sa flamme ;
    O Jésus ! vivez dans mon ame,
    Vivez (bis) pour n'y jamais mourir.   bis.

2. Vous recevoir, ô Dieu de Majesté !
Vous que cent fois j'outrageai dans ma vie,
J'en suis indigne : ô Dieu de sainteté !
Dites un mot, et mon ame est guérie.   Refr.

3. Que vous charmez ! que vous etes puissant !
O Dieu caché sous cet obscur nuage !
Sans vous y voir je vous y crois présent ;
Moins vous brillez, plus je vous rends hommage. Refr

4. En ce moment Jésus vient dans mon cœur ;
Je le possède, ô bonheur ineffable !
L'esclave heureux y reçoit son Seigneur,
Il s'en nourrit, il lui devient semblable.   Refr.

5. Que vous rendrai-je, ô Dieu ! pour tant d'amour ?
Vous donnez tout en vous donnant vous-même.
Je cherche en vain, je me vois sans retour :
Mais vous savez, Seigneur, que je vous aime. Refr.

6. Divin Jésus, que voulez-vous de moi ?
Je suis soumis en tout à votre empire ;
Mon cœur est prêt à suivre votre loi,
Et désormais pour vous seul il soupire.   Refr.

Même Sujet. (N° 132.)

1. Mon doux Jésus ne paraît pas encore ;
Trop longue nuit, dureras-tu toujours !
    Tardive aurore
    Hâte ton cours,

Rends-moi Jésus, ma joie et mes amours,
Mon doux Jésus, que seul j'aime et j'implore.
2. De ton flambeau déjà les étincelles ,
Astre du jour, raniment mes désirs ;
Tu renouvelles
Tous mes soupirs.
Servez mes vœux, avancez mes plaisirs,
Anges du ciel, portez moi sur vos ailes.
5. Je t'aperçois, asile redoutable,
Où l'Éternel descend de sa grandeur.
Temple adorable
Du Rédempteur,
Si dans tes murs il voile sa splendeur ,
Ce Dieu d'amour n'en est que plus aimable.
4. Sans nul éclat le vrai Dieu va paraître,
De cet autel il vient s'unir à moi.
Est-ce mon Maître ?
Est-ce mon Roi ?
Laissez, mes yeux, laissez agir ma foi :
Un œil chrétien ne peut le méconnaître.

Même Sujet. (N° 54.)

1. Oh ! que je suis heureux !
J'ai trouvé celui que j'aime :
Oh ! que je suis heureux !
Voici le Roi des Cieux :
Je le possède en moi-même,
Quoiqu'invisible à mes yeux ;
Je tiens celui que j'aime ,
Oh ! que je suis heureux !
J'ai mon ame
Toute de flamme,
J'ai mon Sauveur
Au milieu de mon cœur.
Grâce , grâce, grâce à l'amour
Qui triomphe de mon Dieu dans ce jour.
1. D'où me vient ce bonheur ?
Quoi ! mon Dieu me rend visite ;
D'où me vient ce bonheur ?

D'où me vient cet honneur ?....
Homme ingrat, je ne mérite
Que d'éprouver sa rigueur.
　　Sa bonté me visite ,
　　D'où me vient ce bonheur ?
　　　　J'ai, etc.
3. Cieux , qu'avez-vous de plus ?
J'ai vos biens et votre gloire.
　　Cieux, qu'avez-vous de plus ?
　　J'ai tout avec Jésus ;
Il est vrai qu'il faut me croire,
Puisqu'il cache ses vertus ;
　　Mais j'ai toute sa gloire ,
　　Vous n'avez rien de plus.
　　　　J'ai, etc.
4. Je n'ai point de retour,
O Jésus ! pour cettt grâce ;
　　Je n'ai point de retour.
　　Digne de votre amour.
Faites que tout, à ma place,
Vous bénisse nuit et jour ;
　　Pour une telle grâce
　　Je n'ai point de retour
　　　　J'ai, etc.
5. Parlez en ma faveur
A mon Dieu, Vierge Marie ;
　　Parlez en ma faveur,
　　Prêtez-moi votre cœur.
Qu'avec lui je glorifie
Mon Père, mon Rédempteur,
　　O divine Marie !
　　Parlez en ma faveur.
　　　　J'ai, etc.
6. Régnez, ô doux Jésus !
Dans mon cœur et mes puissances ;
　　Régnez, ô doux Jésus !
　　Je ne résiste plus.
Pardonnez mes négligences,
J'en suis contrit et confus ;
　　Dans toutes mes puissances
　　Régnez, ô doux Jésus !　　　J'ai, etc.

Même Sujet. (No 55.)

1. Chantons en ce jour
Jésus et sa tendresse extrême;
Chantons en ce jour
Et ses bienfaits et son amour.
Il a daigné lui-même
Descendre dans nos cœurs;
De ce bonheur suprême
Célébrons les douceurs.
Chantons, etc.

2. O Dieu de grandeur!
Plein de respect, je vous révère;
O Dieu de grandeur!
J'adore dans vous mon Sauveur.
Si ce profond mystère
Vient éprouver ma foi,
Votre grâce m'éclaire
Je vous découvre en moi.
O Dieu, etc.

3. Aimable Sauveur,
Que je ne cherche qu'à vous plaire!
Aimable Sauveur,
Vous seul ferez tout mon bonheur.
Ami le plus sincère,
Généreux bienfaiteur,
A vous comme à mon Père
Je consacre mon cœur.
Aimable, etc.

4. Mon divin Epoux,
Mon ame à vous seul s'abandonne;
Mon divin Epoux,
Que pourrai-je craindre avec vous!
Que l'Enfer gronde et tonne,
Qu'il s'arme de fureur:
Il n'est rien qui m'étonne,
Jésus est dans mon cœur.
Mon divin Epoux, etc.

5. Pour tous vos bienfaits,
Que vous offrir, ô divin Maître !
Pour tous vos bienfaits,
Je me donne à vous pour jamais.
En moi je sentis naître
Les transports les plus doux,
Quand je pus vous connaître
Et m'attacher à vous.
Pour tous, etc.

6. O Dieu tout-puissant !
Par votre divine présence,
O Dieu tout-puissant !
Conservez mon cœur innocent,
Puisque dès ma jeunesse,
Vous guidâtes mes pas,
Protégez-moi sans cesse,
Couronnez mes combats.
O Dieu, etc.

Même Sujet. (N° 56.)

1. L'heureux jour, ô mon ame !
Où Jésus, ton Sauveur,
De l'amour qui t'enflamme
Récompense l'ardeur.
Réveille ta tendresse
Avec ta foi,
C'est ton Dieu qui s'abaisse
Jusques à toi.

2. C'est Jésus qui m'appelle
Pour la première fois ;
O touchante nouvelle !
J'obéis à sa voix ;
Etre le tabernacle
Du Dieu puissant,
O bonheur ! ô miracle !
O doux moment !

3. Mon ame vous désire,
Vous êtes son bonheur ;
Vers vous elle soupire,

Et veut votre faveur ;
Nul ne peut que vous-même
  La contenter :
Daignez, ô vous qu'elle aime !
  La visiter.

4. Jusqu'à moi sa puissance
  Abaisse sa hauteur ,
  Et tient à mon enfance
  Ce langage enchanteur :
  Viens , reçois les caresses
    De ton Sauveur ;
  Pour prix de ses largesses
    Il veut ton cœur.

5. Quelle chétive offrande
  Pour un si grand bienfait !
  Mon Dieu me le commande;
  Mon cœur est imparfait;
  C'est tout ce qu'il demande
    Pour tant d'amour.
  Que sa tendresse est grande
    En ce beau jour !

6. O mon aimable Père !
  O Jésus ! mon époux,
  Jésus, mon tendre frère,
  Je vais m'unir à vous ;
  Déjà votre présence
    M'a transporté,
  J'ai goûté par avance
    L'éternité.

7. Doux charmes de ma vie,
  O jour délicieux !
  Si mon ame t'oublie,
  Si je fuis de ces lieux,
  Oppose aux traits des vices
    Ton souvenir,
  Rappelle tes délices
    Pour m'attendrir.

Doux effets de la sainte Communion.
(Nos 57, 65, 115 et 116.)

1. Qu'ils sont aimés, grand Dieu, tes tabernacles!
   Qu'ils sont aimés et chéris de mon cœur!
   Là, tu te plais à rendre tes oracles;
   La foi triomphe et l'amour est vainqueur.

2. Qu'il est heureux celui qui te contemple
   Et qui soupire aux pieds de tes autels!
   Un seul instant qu'on passe dans ton temple
   Vaut mieux qu'un siècle au palais des mortels.

3. Je nage au sein des plus pures délices,
   Le Ciel entier, le Ciel est dans mon cœur;
   Dieu de bonté, de faibles sacrifices
   Méritaient-ils cet excès de bonheur?

4. Autour de moi les anges en silence
   D'un Dieu caché contemplent la splendeur;
   Anéantis en sa sainte présence,
   O Chérubins! enviez mon bonheur.

5. Monde enchanteur, tu ne saurais me plaire,
   Fuis loin de moi, tu m'es trop odieux;
   Rien de mortel ne peut me satisfaire,
   Tout mon amour est pour le Roi des Cieux.

6. Divin Sauveur, objet seul plein de charmes,
   Ah! demeurez, ne vous éloignez pas:
   Vivre sans vous dans ce séjour de larmes,
   Serait pour moi plus dur que le trépas.

Même sujet. (N° 58.)

1. Quel noble feu vient enflammer mon cœur!
   Quel doux objet me fait sentir ses charmes!
   Seigneur, c'est toi qui descends en vainqueur,
   Pour me communiquer ta gloire et ton bonheur.
   Aimable sort!
   Quel doux transport
   Fait de mes yeux couler d'heureuses larmes!
   Amour divin, je te cède les armes; ⎫
   Je ne veux plus suivre que ta voix: ⎬ bis.
   Fixe à jamais mon ame sous tes lois. ⎭

2. O terre ! ô ciel ! le fils de l'Eternel
   Sur cet autel daigne aujourd'hui descendre ;
   A ses enfants, dans ce jour solennel,
Lui-même il vient prouver son amour paternel.
        Qu'il a d'attraits !
        Que ses bienfaits
   Peignent son cœur et généreux et tendre !
   Qui d'entre nous eût jamais pu prétendre } *bis.*
   Que celui qui règne dans les Cieux
   Vint habiter avec nous dans ces lieux ?

3. Grand Dieu, je vois ton bras juste et vengeur
   Me menacer d'un éternel abîme :
   Il s'ouvre... ô Ciel... Ah ! je frémis d'horreur...
Où fuir, hélas ! où fuir ? quel sera mon sauveur ?
        Suspends tes coups
        Et ton courroux :
   Ton fils, grand Dieu, se charge de mon crime,
   S'offre à l'autel pour première victime ; } *bis.*
   En quel lieu peuvent tomber tes traits
   Sans y trouver son sang et ses bienfaits ?

4. Mais c'est encor trop peu pour ton amour,
   Tu vas m'offrir un plus touchant spectacle ;
   Tu veux, Seigneur, tu veux, en ce grand jour,
En visitant mon ame y fixer ton séjour.
        Espoir trop doux !
        Soyez jaloux,
   Anges, témoins de cet heureux miracle.
   Bientôt mon cœur sera ton tabernacle. } *bis.*
   Celui qui comble tous mes désirs
   Vient m'enivrer d'un torrent de plaisirs.

5. Jeunes amis, ô vous qu'un heureux choix
   Vient d'appeler au banquet des délices !
   Venez goûter pour la première fois
L'ineffable douceur de vivre sous ses lois.
        De votre cœur,
        Ce doux Sauveur
   Vient aujourd'hui recueillir les prémices ;
   Offrez-le lui : quels plus doux sacrifices ? } *bis.*
   A ce Dieu préparez un séjour
   Digne de lui, digne de son amour.

6. Je t'aperçois, ô divine beauté !
 Quoiqu'à mes yeux tu voiles ta présence;
 Pardon, Seigneur, si ma légèreté
Méconnut si longtemps tes dons et ta bonté.
          A ton aspect,
          Quel saint respect
Vient à mes sens commander le silence!
Mais dans mon cœur triomphe l'espérance : ⎱ bis.
Dieu d'amour, mon cœur vole vers toi, ⎰
Comble mes vœux en t'unissant à moi.
7. Heureux moment! ô Dieu! quelle douceur
 Tu fais sentir à mon ame attendrie !
 Amour divin, je ressens tes langueurs.
Cieux, que faut-il de plus pour captiver nos cœurs ?
          Dès le berceau
          Jusqu'au tombeau
A mon bonheur il consacra sa vie :
Dans mon exil, et loin de ma patrie, ⎱ bis.
Il veut bien, aimable et tendre époux, ⎰
S'unir à moi par les nœuds les plus doux.
8. De mon bonheur, ô gage précieux !
 Tu me promets une éternelle gloire ;
 Bientôt, Seigneur, je pourrai dans les cieux
Contempler de ton front l'éclat majestueux.
          Que tes bienfaits
          Soient à jamais
En traits de feu gravés dans ma mémoire :
Mais dans ce jour couronne ta victoire; ⎱ bis.
Que mon cœur soit à toi sans retour, ⎰
S'il te suffit pour prix de ton amour.
9. Je vois, hélas ! jeunes et tendres fleurs,
 A ce beau jour succéder des tempêtes.
 Monde ennemi, tu vas contre nos cœurs
D'une mer en courroux déployer les fureurs.
          Entends nos vœux,
          O Roi des cieux !
Entends gronder l'orage sur nos têtes;
Faudra-t-il donc abandonner tes fêtes, ⎱ bis.
Renoncer aux délices du port ⎰
Pour affronter le naufrage et la mort ?

10. De ta maison, éternelle beauté,
    L'auguste pompe a pour moi trop de charmes ;
    Autels sacrés, témoins de sa bonté,
Vous le serez aussi de ma fidélité.
          D'un Dieu d'amour
          Charmant séjour,
    Ici je viens déposer mes alarmes :
    Contre l'enfer ici je prends les armes, ⎱ *bis.*
    Et, nourri de la Divinité,   ⎰
    En paix je marche à l'immortalité.

Pour la première Communion. (*N*° 136.)

1. Quel doux penser me transporte et m'enflamme !
    Ô mon Jésus ! c'est vous que j'aperçois ;
    Trois jours (1) encore, et je vais dans mon ame
    Vous posséder pour la première fois !
Tous. Quoi ! dans trois jours vous viendrez dans mon
      ame !
    La posséder pour la première fois !
2. Ah ! bienheureux le cœur tendre et fidèle !...
    Mais qu'il s'en faut, Seigneur, que je le sois !
    Et je pourrais, insensible et rebelle,
    M'unir à vous pour la première fois !
Tous. Quoi ! dans trois jours, etc.
3. Mats qu'ai-je dit ? sa bonté m'encourage,
    De mes péchés je ne sens plus le poids.
    Ah ! dans trois jours, achevez votre ouvrage,
    Venez à moi pour la première fois.
Tous. Quoi ! dans trois jours, ete
4. Agneau sans tache, immolé pour le monde.
    Vous le sauvez en mourant sur la croix.
    C'est sur vous seul que mon espoir se fonde :
    Venez à moi pour la première fois.
Tous. Quoi ! dans trois jours, etc.
5. Festin du ciel, pain sacré, chair divine,
    Par mes désirs déjà je vous reçois.

(1) Six, cinq... deux jours.

Mon doux Jésus à mon cœur le destine,
C'est dans trois jours pour la première fois.
Tous. Quoi ! dans trois jours, etc.
6. Un faible enfant, et le Dieu de puissance !
A votre amour vous cédez je le vois.
Confus, ravi, transporté, je m'avance ;
Venez, mon Dieu, pour la première fois.
Tous. Quoi ! dans trois jours, etc.

Sur le mystère de l'Eucharistie. (N°s 59 *et* 60.)

1. Par les chants les plus magnifiques,
Sion, célèbre ton Sauveur ;
Exalte dans tes saints cantiques
Ton Dieu, ton chef et ton pasteur.
Redouble aujourd'hui, pour lui plaire,
Tes transports, tes soins empressés :
Jamais tu n'en pourras trop faire,
Tu n'en feras jamais assez.   } *bis.*

2. Ouvre ton cœur à l'allégresse,
A tout le feu de tes transports,
Lorsque son immense largesse
T'ouvre elle-même ses trésors :
Près de consommer son ouvrage,
Il consacra son dernier jour
A te laisser ce tendre gage,
Ce qui mit le comble à son amour.   } *bis.*

3. Jésus de son amour extrême
Veut éterniser le bienfait ;
Ce que d'abord il fit lui-même,
Le prêtre à son ordre le fait ;
Il change, ô prodige admirable
Qui n'est aperçu que des cieux !
Le pain en son corps adorable,
Le vin en son sang précieux.   } *bis.*

4. L'œil se méprend, l'esprit chancelle :
Il cherche d'un Dieu la splendeur ;
Mais toujours ferme, un vrai fidèle,
Sans hésiter voit son Seigneur ;

Son sang pour nous est un breuvage,
Sa chair devient un aliment,
Les espèces sont le nuage
Qui nous convie au sacrement. } *bis.*

5. Ce Fils sous la main paternelle
Près de se voir percer le flanc ;
Cette victime solennelle
Dont l'Hébreu vit couler le sang ;
La manne au goût délicieuse
Qui tous les jours tombait des cieux,
Sont la figure précieuse
Du prodige offert à nos yeux. } *bis.*

6. Je te salue, ô pain de l'ange !
Aujourd'hui pain du voyageur ;
Toi que j'adore et que je mange,
Ah ? viens dissiper ma langueur.
Loin de toi l'impur, le profane,
Pain réservé pour les enfants,
Mets des élus, céleste manne,
Objet seul digne de nos chants. } *bis.*

7. Au secours de notre misère
Jésus se livre entièrement ;
Dans la crèche il est notre frère,
Et sur l'autel notre aliment ;
Quand il mourut sur le Calvaire,
Il fut la rançon du pécheur ;
Triomphant dans son sanctuaire,
Il est du juste le bonheur. } *bis.*

8. Honneur, amour, louange et gloire
Te soient rendus, ô bon Pasteur !
Vis à jamais dans ma mémoire,
Sois toujours gravé dans mon cœur.
O pain des forts ! par ta puissance
Soulage mon infirmité ;
Fais qu'engraissé de ta substance,
Je règne dans l'éternité. } *bis.*

Même Sujet. (*N^{os}* 141 *et* 145.)

1. Chantons, mortels, l'amour immense
Du Fils de Dieu, notre Sauveur ;
Chantons sa bonté, sa clémence :
En lui nous trouvons le bonheur.
C'est Dieu qui descend sur la terre,
Non tel qu'il y vint autrefois,
Quand, précédé de son tonnerre,
Aux Hébreux il donna des lois :
Il vient à nous comme un bon père,
Comme le plus juste des rois.
    Chantons, etc.

2. Sous le voile épais du mystère,
Par un excès de sa bonté,
Pour être avec nous il modère
L'éclat de sa divinité.
Il craint, par sa vive lumière,
D'accabler notre infirmité.
    Chantons, etc.

3. Victime digne de son Père,
 Le Fils de Dieu meurt sur la croix,
Et sur l'autel que je révère,
Il s'offre une seconde fois ;
Pour prix de son amour sincère,
Jurons de vivre sous ses lois.
    Chantons, etc.

4. Tout à la fois victime et prêtre
D'un sacrifice non sanglant,
Tous les jours il daigne renaître
Sur nos autels en s'immolant.
Comment pourrons-nous reconnaître
Un amour si vif, si constant ?   Chantons, etc.

5. Il nous invite, il nous engage
A son délicieux festin :
Son sang devient notre breuvage,
Et son corps devient notre pain.
C'est là qu'il nous offre le gage
D'une paix, d'un bonheur sans fin.
    Chantons, etc.

Actions de grâces après la Communion. (N° 8.

1. L'encens divin embaume cet asile ;
   Quel doux concert ! quel chant mélodieux !
   Mon cœur se tait et mon ame est tranquille ;
   La paix du ciel habite dans ces lieux.
       O pain de vie !
       O mon Sauveur !
       L'ame ravie

   Trouve en vous son bonheur.

2. D'un sommeil pur, versé sur ma paupière,
   Le calme heureux s'empare de mes sens :
   D'un jour plus beau j'entrevois la lumière ;
   Non, je ne puis dire ce que je sens.
       O pain de vie, etc.

3. Pour embellir le temple de mon ame,
   Le Très-Haut daigne y fixer son séjour.
   Je le possède ; il m'inspire, il m'enflamme :
   Je l'ai trouvé, je l'aime sans retour.
       O pain de vie, etc.

4. Que votre joug, ô Jésus ! est aimable !
   Que vos attraits sont saints et ravissants !
   Vous m'enivrez d'une joie ineffable,
   Vous m'attirez par vos charmes puissants.
       O pain de vie, etc.

5. Je vous adore au-dedans de moi-même,
   Je vous contemple à l'ombre de la foi ;
   O Dieu ! mon tout, ô Majesté suprême !
   Je ne vis plus, mais Jésus vit en moi.
       O pain de vie, etc.

6. O saints transports ! vive et douce allégresse !
   Chastes ardeurs ! divins embrassements !
   O plaisirs purs ! délicieuse ivresse !
   Mon cœur se perd dans vos ravissements.
       O pain de vie, etc.

7. Que vous rendrai-je, ô Sauveur plein de charmes
   Pour tous les dons que j'ai reçus de vous ?

Prenez mon cœur et recueillez mes larmes :
Double tribut dont vous êtes jaloux.
      O pain de vie, etc.

8. Vous qui prenez vos plus chères délices
Parmi les lis des cœurs purs et fervents,
Mon bien-aimé ! je mets sous vos auspices
Mes saints projets et mes vœux innocents.
      O pain de vie, etc.

9. Je l'ai juré, je vous serai fidèle ;
Je vous promets un éternel amour,
Tant qu'à la nuit une aurore nouvelle
Succèdera pour ramener le jour.
      O pain de vie, etc.

10. Ah ! que ma langue, immobile et glacée,
En ce moment s'attache à mon palais,
Si de mon cœur s'efface la pensée
De votre amour comme de vos bienfaits.
      O pain de vie, etc.

Résolution après la sainte Communion.
(Nos 30, 61 et 120.)

1. Le monde en vain, par ses biens et ses charmes,
Veut m'engager à plier sous sa loi :
Mais pour me vaincre, il faut bien d'autres armes :
Je ne crains rien, Jésus est avec moi.

2. Venez, venez, puissances de la terre,
Déchaînez-vous pour me ravir ma foi ;
Quand de concert vous me feriez la guerre,
Je ne crains rien, Jésus est avec moi.

3. Monstre infernal, arme-toi de ta rage ;
Que tes démons se liguent avec toi,
Tu ne pourras abattre mon courage ;
Je ne crains rien, Jésus est avec moi.

4. Non, non, jamais la mort la plus cruelle
Ne me fera trahir ce divin Roi !
Jusqu'au trépas je lui serai fidèle,
Je ne crains rien, Jésus est avec moi.

5. Que les enfers, les airs, la terre et l'onde
Conspirent tous pour me remplir d'effroi ;

5.

Quand je verrais crouler sur moi le monde,
Je ne crains rien, Jésus est avec moi.
6. Divin Jésus, mon unique espérance !
Vous pouvez tout, oui, Seigneur, je le crois ;
Mon cœur en vous est plein de confiance,
Je ne crains rien, Jésus est avec moi.

En l'honneur du saint nom de Jésus. (No 62.)

1. Vive Jésus !
C'est le cri de mon ame ;
Vive Jésus ! c'est le Dieu des vertus :
Aimable nom, quand ma voix te réclame,
D'un nouveau feu pour toi mon cœur s'enflamme.
Vive Jésus !   *bis.*

2. Vive Jésus !
C'est le cri qui rallie
Sous ses drapeaux le peuple des élus.
Suivre Jésus ! c'est aussi mon envie ;
Suivre Jésus ! c'est mon bien, c'est ma vie :
Vive Jésus !   *bis.*

3. Vive Jésus !
C'est un cri d'espérance
Pour les pécheurs repentants et confus ;
Sur eux du ciel attirant la clémence,
Ce nom sacré soutient leur pénitence :
Vive Jésus !   *bis.*

4. Vive Jésus !
A ce cri de vaillance,
Je verrai fuir les démons éperdus.
Un mot suffit pour dompter leur puissance,
Pour terrasser leur superbe insolence :
Vive Jésus !   *bis.*

5. Vive Jésus !
Cri de reconnaissance
D'un cœur touché des biens qu'il a reçus ;
L'enfer veut-il troubler sa confiance,
Il dit encore avec plus d'assurance :
Vive Jésus !   *bis.*

6. Vive Jésus !
C'est mon cri d'allégresse,
O Dieu caché sous un pain qui n'est plus !
Quand, aux douceurs d'une céleste ivresse,
Je reconnais l'objet de ma tendresse :
Vive Jésus !   *bis.*

7. Vive Jésus !
C'est le cri de victoire
Des bienheureux que le ciel a reçus ;
De leurs combats consacrant la mémoire,
Ce nom puissant éternise leur gloire :
Vive Jésus !   *bis.*

8. Vive Jésus !
Vive sa tendre Mère !
Elle est aussi la mère des élus.
Si nous l'aimons, si nous voulons lui plaire,
Chantons Jésus, notre Dieu, notre frère :
Vive Jésus !   *bis.*

9. Vive Jésus !
Qu'en tous lieux la victoire
Mette à ses pieds les méchants confondus !
O nom sacré ! nom cher à ma mémoire,
Puissé-je vivre et mourir pour ta gloire !
Vive Jésus !   *bis.*

Hymne à Jésus. (№ 63.)

1. Vive notre aimable Sauveur !
Ce Dieu d'amour, ce Dieu vainqueur,
Que lui seul vive en notre cœur. Vive Jésus !
Vive Jésus, vive Jésus, vive Jésus !

2. Du monde Jésus est l'honneur,
Le juge, le maître et l'auteur ;
Il en est l'unique bonheur. Vive Jésus !
Vive Jésus, etc.

3. Dans son sacrifice éternel,
Il est le pontife immortel,
Le Dieu, la victime et l'autel. Vive Jésus !
Vive Jésus, etc.

4. C'est un agneau pour la douceur.
   Troupeau, suivez ce bon Pasteur;
Ne craignez point le ravisseur. Vive Jésus!
   Vive Jésus, etc.
5. Il est l'espoir des pénitents,
   La paix des fidèles mourants;
Il nous est Jésus en tout temps. Vive Jésus!
   Vive Jésus, etc.
6. C'est par Jésus que nous vivons,
   C'est par lui que nous triomphons,
Avec Jésus nous régnerons. Vive Jésus!
   Vive Jésus, etc.
7. Vive la Mère des élus,
   Vive la Reine des vertus,
   Vive Marie, avec Jésus. Vive Jésus!
   Vive Jésus, etc.

L'amour de Jésus par-dessus tout. (N° 118.)

1. Que Jésus est un bon maître
   Et qu'il est doux de l'aimer!
   Bienheureux qui sait connaître
   Combien il peut nous charmer!
        Divin Sauveur!
        Beauté suprême!
        Oui, je vous aime,
        Divin Sauveur!
   Je vous aime, je vous aime
        De tout mon cœur,
        De tout mon cœur.
2. Mettons-nous sous son empire,
   Soyons à lui pour jamais,
   Et que notre ame n'aspire
   Qu'à goûter ses saints attraits.   Divin, etc.
3. Sans Jésus rien ne peut plaire,
   Tout est dur, tout est amer;
   Tout est disgrâce, misère,
   Désespoir, tourment, enfer.   Divin, etc.

4. Avec lui tout est délices,
   Tout est source de douceur,
   Tout est avant-gout, prémices
   Du séjour de son bonheur.   Divin, etc.

5. Avec lui, de l'indigence
   L'on ne craint point les rigueurs;
   Avec lui de l'opulence
   On dédaigne les faveurs.   Divin, etc.

6. Lui seul il est ma richesse,
   Et mon bien et mon trésor;
   Et je prise sa tendresse
   Plus que tout l'éclat de l'or.   Divin, etc.

7. La faveur du monde passe
   Aussi prompte que le temps,
   Et de longs jours de disgrâce
   Suivent ces premiers instants.   Divin, etc.

8. De Jésus l'amour fidèle
   Ne trompa jamais nos vœux;
   Une foi toujours nouvelle
   En serre à jamais les nœuds.   Divin, etc.

9. Aussi veut-il qu'on le serve
   Sans relâche et sans langueur,
   Et ne souffre ni réserve
   Ni partage dans un cœur,...   Divin, etc.

10. Plus ce Dieu d'amour nous aime,
    Plus devons-nous, par retour,
    Quitter et tout, et nous même,
    Pour être à son seul amour.   Divin, etc.

Les effets du Saint-Esprit. (Nos 64 et 114.)

1. Quel feu s'allume dans mon cœur?
   Quel Dieu vient habiter mon âme?
   A son aspect consolateur,
   Et je m'éclaire et je m'enflamme.
   Je t'adore, Esprit créateur.
      Parais, Dieu de lumière;   bis.
   Et viens renouveler la face de la terre.

2. Je vois mille ennemis divers
   Conjurer ma perte éternelle ;
   J'entends tous leurs complots pervers.
   Dieu ! romps leur trame criminelle ;
   Qu'ils retombent dans les enfers.
       Parais, etc.

3. Quels sont ces profanes accents,
   Ces ris et ces pompeuses fêtes ?
   De Baal ce sont les enfants ;
   De fleurs ils couronnent leurs têtes
   Que va frapper la faux du temps.
       Parais, etc.

4. Voyez comme les insensés
   Dansent sur leur tombe entr'ouverte !
   La mort les suit à pas pressés ;
   En riant ils vont à leur perte.
   Dieu regarde,.... ils sont dispersés.
       Parais, etc.

5. Quoi ! pour un moment de plaisir,
   Mon Dieu ! j'oublierais ta loi sainte ;
   Dans l'égarement du désir,
   Je pourrais vivre sans ta crainte !
   Non, mon Dieu, non, plutôt mourir.
       Parais, etc.

6. Un jour plus pur luit à mes yeux :
   Dieu de clarté, je t'en rends grâce.
   Je vois fuir l'esprit ténébreux :
   La Foi dans mon cœur prend sa place.
   Tous mes désirs sont pour les cieux,
       Parais, etc.

7. Chrétien par amour et par choix,
   Et fier de ton ignominie,
   Je t'embrasse, ô divine Croix !
   Je t'embrasse avec ta folie
   Dont j'osais rougir autrefois.   Parais, etc,

8. Loin de moi, vains ajustements,
   A mon Dieu vous faites injure ;
   Délices des cœurs innocents ;
   Que la pudeur soit ma parure.
   Esprit saint, garde tous mes sens.   Parais, etc.

9. Si, quelques moments égaré,
    Je te fuyais, beauté divine,
    Allume en mon cœur déchiré,
    Allume une guerre intestine ;
    De remords qu'il soit dévoré.
        Parais, etc.
10. Ah! plutôt règne, Dieu d'amour,
    Sur ce cœur devenu ton Temple ;
    Que je t'honore dès ce jour ;
    Que mon œil charmé te contemple
    Dans l'éclat du divin séjour.
        Parais, etc.

Invocation au Saint-Esprit. (N° 66.)

1. Esprit saint, comblez nos vœux,
    Embrâsez nos ames
    Des plus vives flammes ;
    Esprit saint, comblez nos vœux,
    Embrâsez nos ames
    De vos plus doux feux.   Esprit, etc.
2. Seul auteur de tous les dons,
    De vous seul nous attendons
        Tout notre secours,
        Dans ces saints jours.   Esprit, etc.
3. Sans vous, en vain du don des Cieux
    Les rayons précieux
        Brillent à nos yeux ;
    Sans vous notre cœur
        N'est que froideur.   Esprit, etc.
4. Voyez notre aveuglement,
    Nos maux, notre égarement ;
        Rendez-nous à vous,
        Et changez nous.   Esprit, etc.
5. Sur nos esprits, Dieu de bonté,
    Répandez le clarté
        Et la vérité ;
        Préparez nos cœurs
        A vos faveurs.   Esprit, etc.

6. **Donnez-nous** ces purs désirs,
   Ces pleurs saints, ces vrais soupirs,
     Qui des grands pécheurs
       Changent les cœurs.   Esprit, etc.

7. **Donnez-nous** la docilité,
   Le don de pureté
   Et de piété,
   L'esprit de candeur
       Et de douceur.   Esprit, etc.

8. **Etouffez** notre tiédeur,
   Réchauffez notre ferveur,
     Rassurez nos pas
       Dans nos combats.   Esprit, etc.

9. **Sanctifiez** nos jours naissants,
   Et nos jours florissants,
   Et nos derniers ans;
   Que tous nos instants
       Soient innocents.   Esprit, etc.

Pour la Confirmation.

INVOCATION AU SAINT-ESPRIT. HYMNE *Veni, Creator.*

(N° 123.)

1. Venez Créateur de nos ames,
   Esprit saint qui nous animez,
   Brûlez de vos célestes flammes
   Les cœurs que vous avez formés.

2. Visitez-nous, Dieu de lumière,
   Source de paix et de bonheur,
   Don du Très-Haut, feu salutaire,
   Charme de l'esprit et du cœur.

3. Venez; par un rayon propice,
   Daignez nous dessiller les yeux;
   Venez nous dégager du vice,
   Et nous embraser de vos feux.

4. Ne souffrez pas que la mollesse
   Nous fasse tomber en langueur,
   Et soutenez notre faiblesse
   Par une constante ferveur.

5. Domptez les fureurs tyranniques
   De l'enfer armé contre nous ;
   De nos ennemis domestiques
   Arrêtez les perfides coups.
6. Faites que, triomphant du monde,
   Nous méprisions sa vanité,
   Et, dans une paix profonde,
   Nous marchions vers l'éternité.
7. Faites-nous connaître le Père,
   Faites-nous connaître le Fils,
   Et vous-même en qui l'on révère
   Le saint nœud qui les tient unis.

Pour l'exercice du soir. (N° 8.)

1. Le soleil vient de finir sa carrière,
   Comme un éclair ce jour s'est écoulé.
   Jour après jour, ainsi la vie entière
   S'écoule et passe avec rapidité.
      Dieu de clémence !
      Maître des jours !
      La nuit commence,
   Rendez heureux son cours.
2. A chaque instant l'éternité s'avance ;
   Travaillons-nous à nous y préparer ?
   De nos péchés faisons-nous pénitence ?
   De la vertu suivons-nous le sentier ?
      Dieu de clémence, etc.
3. Si cette nuit le souverain Arbitre
   Nous appelait devant son Tribunal,
   A sa clémence avons-nous quelque titre ?
   Que lui répondre en cet instant fatal ?
      Dieu de clémence, etc.
4. Du moins, touché d'un repentir sincère,
   Pleurons, Chrétiens, les fautes de ce jour ;
   D'un Dieu vengeur désarmons la colère :
   Un cœur contrit regagne son amour.
      Dieu de clémence, etc.

Pour terminer la journée. (N° 21.)

1. Jésus !
O mon Sauveur,
Mon Créateur,
Source de mon être;
Jésus !
O mon Sauveur,
Toi de mon cœur
L'unique bonheur !
En ce jour
Puis-je méconnaître
Que l'amour
Sur moi règne en maître !
Jésus !
Aimable Roi
Détruis en moi
Ce qui n'est pas toi.
2. Jésus !
Ton tendre amour
Fait, nuit et jour,
Ma douce allégresse;
Jésus !
Ton tendre amour
Fait, nuit et jour,
En moi son séjour;
Tous mes sens
Nagent dans l'ivresse;
Et je sens
Ton cœur qui me presse;
Jésus !
Oui, ta bonté
A consommé
Ma félicité.
3. Amour
De mon Jésus !
Je n'y tiens plus,
Je te rends les armes:
Amour
De mon Jésus !
Je n'y tiens plus,
Mes sens sont vaincus.

Les soupirs,
Les brûlantes larmes
Des plaisirs
Détruisent les charmes.
Amour,
Les divins feux
Sont-ils aux cieux,
Plus délicieux ?
4. Jésus !
Tout mon espoir
Est de te voir
Au céleste empire ;
Jésus !
Tout mon espoir
Est de te voir
Au beau jour sans soir.
Non, l'attrait
D'un monde en délire
Ne saurait
En mon cœur détruire
Jésus.
Le doux plaisir,
L'ardent désir
Pour toi de souffrir !
5. Seigneur !
Roi des vertus,
Pain des élus,
Céleste pâture;
Seigneur !
Roi des vertus,
Pain des élus,
Que veux-je de plus ?
Si jamais,
Ingrat et parjure,
J'oubliais
Ta loi sainte et pure,
Seigneur !
Que le remords
Rende mon sort
Pire que la mort.

L'Angelus. (*N° 67.*)

1. Un ange, au nom du Seigneur,
   Avec respect vint à Marie ;
   Un ange, au nom du Seigneur,
   Vint lui prédire sa grandeur :
    Salut, ô Marie !
    O Vierge chérie !
    Salut, ô Marie,
    Trésor de vertus !
   L'Eternel vous a choisie
   Pour la mère de Jésus.   *Angelus.*

2. O quel mystère ! ô quel don !
   Du Seigneur je suis la servante ;
   O quel mystère ! ô quel don !
   Que le Dieu d'Israël est bon !
    Si mon Dieu s'abaisse,
    Malgré ma bassesse,
    A choisir mon cœur ;
   Que sur moi de sa tendresse
   S'accomplisse la faveur.   *Ecce ancilla.*

3. Dès que Marie a parlé,
   Du Saint-Esprit elle est l'épouse ;
   Dès que Marie a parlé,
   Le Fils de Dieu s'est incarné.
    Marie est la Mère
    O profond mystère !
    Marie est la Mère
    Du Verbe éternel ;
   Sa vertu donne à la terre
   Le plus grand trésor du ciel.   *Et Verbum.*

4. O Vierge ! priez pour nous,
   Ah ! soyez notre tendre mère ;
   O Vierge ! priez pour nous ;
   Du ciel apaisez le courroux.
    Que votre puissance,
    Mère de clémence !
    Que votre puissance

Nous protége tous ;
Que votre sainte présence ,
A la mort veille sur nous.

Pour l'Avent (*N°* 68).

1. Venez, divin Messie ;
Sauvez nos jours infortunés ,
Venez, source de vie ,
Venez, venez, venez.

2. Ah ! descendez, hâtez vos pas ,
Sauvez les hommes du trépas ,
Secourez-nous, ne tardez pas.
   Venez , etc.

3. Ah ! désarmez votre courroux ,
Nous soupirons à vos genoux ;
Seigneur, nous n'espérons qu'en vous.
Pour nous livrer la guerre ,
Tous les enfers sont déchaînés ;
Descendez snr la terre ,
   Venez , etc.

4. Que nous souffrons de maux divers !
L'affreux démon nous tient aux fers ;
Il veut nous conduire aux enfers.
   Vous voyez l'esclavage
Où vos enfants sont condamnés ;
Conservez votre ouvrage ,
   Venez, etc.

5. Eclairez-nous , divin flambeau ;
Parmi les ombres du tombeau,
Faites briller un jour nouveau.
   Au plus cruel supplice
Nous auriez-vous abandonnés ?
   Ah ! soyez-nous propice,
   Venez , etc.

6. Que nos soupirs soient entendus !
Les biens que nous avons perdus
Ne nous seront-ils point rendus ?
   Voyez couler nos larmes ;

'Grand Dieu, si vous nous pardonnez,
　　Nous n'aurons plus d'alarmes.
　　　Venez, etc.
7. Si vous venez en ces bas lieux,
　　Nous vous verrons victorieux,
　　Fermer l'enfer, ouvrir les cieux ;
　　　Nous l'espérons sans cesse ;
　　Les cieux nous furent destinés :
　　　Tenez votre promesse,
　　　　Venez, etc.
8. Ah ! puissions-nous chanter un jour,
　　Dans votre bienheureuse cour,
　　Et votre gloire et votre amour !
　　　C'est-là l'heureux partage
　　De ceux que vous prédestinez ;
　　　Donnez-nous-en le gage,
　　　　Venez, etc.

Noël. (*Nº* 69.)

1. Dieu, sensible à nos larmes,
　　Nous accorde un Sauveur.
　　Aux cruelles alarmes
　　Succède le bonheur.
Refr. Gloire au plus haut des cieux,
　　Au Dieu des bienheureux,
　　Et paix, en ces bas lieux,
　　A tout mortel pieux.
2. Q'entends-je ! et qu'elle ivresse !
　　Quels sont ces doux concerts !
　　Le chant de l'allégresse
　　Retentit dans les airs.　　　　　　　Refr.
3. C'est la troupe des anges
　　Qui dit : Paix aux mortels ;
　　Amour, honneur, louanges
　　Et gloire à l'Eternel.　　　　　　　Refr.
4. Aux cieux s'unit la terre ;
　　J'entends de nouveaux chœurs ;

4

O maître du tonnerre !
Ce sont d'humbles pasteurs.   *Refr.*

5. Ah ! les esprits célestes
Me montrent l'Eternel,
Et les bergers modestes,
L'homme faible et mortel.   *Refr.*

6. Avec la troupe aimable
Allons vers l'Enfant-Dieu :
Entrons dans cette étable ,
Ah ! que vois-je en ce lieu ?   *Refr.*

7. Une crèche, des langes !
Un enfant tout en pleurs !
Est-ce le roi des Anges ?
Est-ce là mon Sauveur?   *Refr.*

8. La douleur, les souffrances
Entourent son berceau ;
Et, fruit de nos offenses,
Le suivront au tombeau.   *Refr.*

9. Bergers, c'est votre maître ;
Anges, c'est votre Dieu :
C'est lui qui donna l'être
Au soleil radieux.   *Refr.*

10. C'est le Dieu de la guerre,
Le prince de la paix ;
Il commande au tonnerre,
Il commande à jamais.   *Refr.*

11. Viens, reprends ta couronne,
Sion, sainte cité.
Ne crains plus Babylone,
Son trône est renversé.   *Refr.*

Même Sujet. (N° 70.)

1. Que j'aime ce divin Enfant !   *bis.*
Qu'en cet état il est charmant !
Je l'aime, je l'aime.
O l'adorable Enfant !
C'est l'amour même.

2. Son amour l'a nommé Jésus,   *bis.*
  C'est le modèle des élus ;
      Je l'aime, je l'aime:
    Imitons ses vertus;
     C'est l'amour même.

3. Au milieu d'un pauvre appareil   *bis.*
  Il est plus beau que le soleil.
      Je l'aime, je l'aime:
    C'est l'astre sans pareil, etc.

4. Le ciel admire sa beauté,   *bis.*
  L'ange adore sa majesté.
      Je l'aime, je l'aime :
    Bénissons sa bonté, etc.

5. Quoique logé très pauvrement,   *bis.*
  Il ne se plaint aucunement,
      Je l'aime, je l'aime:
    Oh ! qu'il est patient, etc.

6. Quel exemple de pauvreté,   *bis.*
  De souffrance et d'humilité !
      Je l'aime, je l'aime :
    Quel excès de bonté, etc.

7. C'est ici le Dieu tout-puissant,   *bis.*
  Qui vient me sauver en naissant.
      Je l'aime, je l'aime :
    O le Dieu bienfaisant ! etc.

8. Qui n'aimerait ce bien-aimé,   *bis.*
  Ce Jésus qui m'a tant aimé !
      Je l'aime, je l'aime :
    Je l'aime, et l'aimerai, etc.

9. C'est mon Dieu, mon Maître et mon Roi ; *bis.*
  C'est mon espérance et ma foi.
      Je l'aime, je l'aime:
    C'est là toute ma loi, etc.

10. C'est mon frère et mon Rédempteur,
  C'est l'espoir du pauvre pécheur ;
      Je l'aime, je l'aime:
    C'est l'ami de mon cœur, etc.

11. Anges, ne soyez point jaloux   *bis.*
  Si je le dispute avec vous,

Je l'aime, je l'aime :
C'est mon divin époux, etc.

12. Je trouve en lui tout mon bonheur,　*bis.*
Il m'échauffe de son ardeur.
Je l'aime, je l'aime :
Il a ravi mon cœur, etc.

13. Quel prodige de sainteté !　*bis.*
Quel abîme de charité !
Je l'aime, je l'aime :
C'est le Dieu de bonté, etc.

14. C'est mon Jésus, c'est mon Sauveur ;　*bis.*
Dans ce saint nom quelle douceur !
Je l'aime, je l'aime :
C'est le Dieu de mon cœur, etc.

15. Anges, qui lui faites la cour,
Embrâsez-moi de votre amour ;
Je l'aime, je l'aime :
Pour chanter nuit et jour, etc.

16. Vive le saint Enfant Jésus !　*bis.*
C'est le bel amour des élus.
Je l'aime, je l'aime :
C'est mon tout et rien plus ;
C'est l'amour même.

La Passion de Jésus-Christ. (*N°* 71.)

1. Au sang qu'un Dieu va répandre
Ah ! melez du moins vos pleurs,
Chrétiens qui venez entendre
Le récit de ses douleurs ;
Puisque c'est pour vos offenses
Que ce Dieu souffre aujourd'hui ;
Animés par ses souffrances,
Vivez et mourez pour lui.

2. Dans un jardin solitaire
Il sent de rudes combats ;
Il prie, il craint, il espère ;
Son cœur veut et ne veut pas.
Tantôt la crainte est plus forte,

Tantôt l'amour est plus fort ;
Mais enfin l'amour l'emporte,
Il se soumet à la mort.

3. Judas, que la fureur guide,
L'aborde d'un air soumis ;
Il l'embrasse, et ce perfide
Le livre à ses ennemis.
Judas, un pécheur t'imite
Quand il feint de l'apaiser ;
Souvent sa bouche hypocrite
Le trahit par un baiser.

4. On l'abandonne à la rage
De cent tigres inhumains ;
Sur son aimable visage
Les soldats portent les mains.
Vous deviez, Anges fidèles,
Témoins de ces attentats,
Ou le mettre sous vos ailes,
Ou frapper tous ces ingrats.

5. Ils le traînent au Grand-Prêtre,
Qui seconde leur fureur,
Et ne veut le reconnaître
Que pour un blasphémateur !
Quand il jugera la terre,
Le Sauveur aura son tour ;
Aux éclats de son tonnerre
Tu le connaîtras un jour.

6. Tandis qu'il se sacrifie,
Tout conspire à l'outrager ;
Pierre lui-même l'oublie,
Et le traite d'étranger.
Mais Jésus perce son âme
D'un regard tendre et vainqueur,
Et met, d'un seul trait de flamme,
Le repentir dans son cœur.

7. Chez Pilate, on le compare
Au dernier des scélérats :
Qu'entends-je, ô peuple barbare !
Tes cris sont pour Barrabas !
Quelle indigne préférence !

Le juste est abandonné;
On condamne l'innocence,
Et le crime est pardonné.

8. On le dépouille, on l'attache;
Chacun arme son courroux:
Je vois cet Agneau sans tache
Tombant presque sous les coups.
C'est à nous d'être victimes,
Arrêtez, cruels bourreaux!
C'est pour effacer vos crimes
Que son sang coule à grands flots.

9. Une couronne cruelle
Perce son auguste front:
A ce chef, à ce modèle,
Mondains, vous faites affront;
Il languit dans les supplices,
C'est un homme de douleurs;
Vous vivez dans les délices,
Vous vous couronnez de fleurs.

10. Il marche, il monte au Calvaire,
Chargé d'un infâme bois;
De là comme d'une chaire,
Il fait entendre sa voix:
Ciel, dérobe à ta vengeance
Ceux qui m'osent outrager.
C'est ainsi, quand on l'offense,
Qu'un chrétien doit se venger.

11. Une troupe mutinée
L'insulte et crie à l'envi:
Qu'il change sa destinée,
Alors nous croirons en lui!
Il peut la changer sans peine,
Malgré vos nœuds et vos clous;
Mais le nœud qui seul l'enchaîne
C'est l'amour qu'il a pour nous.

12. Ah! de ce lit de souffrance,
Seigneur, ne descendez pas;
Suspendez votre puissance,
Restez-y jusqu'au trépas;
Mais tenez votre promesse,

Attirez-nous près de vous ;
- Pour prix de votre tendresse
Puissions-nous y mourir tous!
15. Il expire, et la nature
Dans lui pleure son auteur.
Il n'est point de créature
Qui ne marque sa douleur :
Un spectacle si terrible
Ne pourra-t-il me toucher?
Et serai-je moins sensible
Que n'est le plus dur rocher ?

Même Sujet. (*N*° 119.)

1. Est-ce vous que je vois , ô mon maître adorable !
Pâle , abattu, sanglant, victime de douleur ?
Fallait-il , à ce prix, racheter un coupable
Qui même à votre sang ne mêla pas ses pleurs ?

Jésus trahi.

2. Judas vous livre aux Juifs dans sa fureur extrême ;
Peut-il à cet excès, le traître, vous haïr !
Comme lui, mille fois je dis que je vous aime,
Et je ne rougis point, ingrat, de vous trahir.

Jésus pris.

3. On vous charge de fers, innocente victime ;
Peuples, prêtres et roi, tous s'arment contre vous ;
Si le ciel est si lent à venger un tel crime,
C'est votre amour, Jésus, qui suspend son courroux.

Jésus moqué.

4. On vous couvre d'affronts, on vous raille, on vous
frappe ;
Mépris, soufflets, crachats, rien ne peut vous aigrir ;
Nul murmure secret, nul mot ne vous échappe ;
Et moi, sans éclater, je ne puis rien souffrir.

Jésus flagellé.

5. O barbare fureur ! dans son sang un Dieu nage !
Sur lui mille bourreaux s'acharnent tour à tour.
Ils redoublent leurs coups, ils épuisent leur rage ;
Mais rien ne peut jamais affaiblir son amour.

Jésus couronné d'épines.

6. Quand je vois mon Sauveur, mon chef et mon modè
Ceint d'un bandeau sanglant d'épines de douleurs
Combien dois-je rougir, lâche, infâme, infidèle,
D'aimer à me plonger dans le sein des douceurs ?

Jésus crucifié.

7. Quel spectacle effrayant ! ô ciel, quelle justice !
Jésus, quoique innocent, en croix meurt attaché ;
Un Dieu juste, un Dieu bon ordonne ce supplice ;
Jugez de là, mortels, quel mal est le péché.

Jésus élevé en croix.

8. Votre Fils expirant, entre vous et la terre,
Est comme un bouclier qui pare tous vos coups ;
S'il vous plaît de nous perdre, il faut que le tonnerre
Frappe ce Fils chéri pour venir jusqu'à nous.

Réflexions.

9. Tu le vois mort, pécheur ! ce Dieu qui t'a fait naître;
Sa mort est ton ouvrage, et devient ton appui ;
A ce trait de bonté tu dois au moins connaître
Que s'il est mort pour toi, tu dois vivre pour lui.

Conclusion.

10. O victime d'amour ! ô noble sacrifice !
O sanglante agonie ! ô cruelles rigueurs !
O trépas bienheureux ! salutaire supplice,
Vous serez à jamais l'entretien de nos cœurs.

La Résurrection de Jésus-Christ. (N° 72 .)

1. Jésus paraît en vainqueur ;
    Sa bonté, sa douceur
  Est égale à sa grandeur :
  Jésus paraît en vainqueur,
Aujourd'hui donnons-lui notre cœur.
      Malgré nos forfaits,
      Ses divins bienfaits,
      Ses charmants attraits,
  Ne nous parlent que de paix.

Pleurons nos forfaits,
Chantons ses bienfaits,
Rendons-nous à ses charmants attraits.

2. Chrétiens, joignez vos concerts ;
Jésus charge de fers
La mort, fille des enfers.
Chrétiens, joignez vos concerts ;
Que son nom réjouisse les airs !
Juste Ciel ! quel choix !
Quoi ! le Roi des rois
A dû, sur la croix,
Au ciel acquérir des droits !
Embrassons la croix,
Que ce libre choix,
Au ciel assure à jamais nos droits.

3. Je vois la mort sans effroi ;
Mon Seigneur et mon roi
En a triomphé pour moi.
Je vois la mort sans effroi ;
Ce mystère est l'appui de ma foi.
Ah ! si tour à tour
Lâche et sans amour,
Jusques à ce jour,
Je n'ai payé nul retour ;
Du moins dès ce jour,
Ah ! pour tant d'amour
Je veux payer un juste retour.

4. Il va descendre des cieux,
Ce Sauveur glorieux
Va s'abaisser en ces lieux.
Il va descendre des cieux ;
Que nos cœurs brûlent des plus doux feux !
Au jour des douleurs,
Pleins de nos malheurs,
Nous portions des cœurs
Qu'avait amollis ses pleurs.
Ah ! plus de douleurs,
A ses pieds vainqueurs,
A pleines mains répandons des fleurs.

Pour le jour de l'Ascension.

Sainte cité, *pag.* 39.

Pour le jour de la Pentecôte.

Quel feu s'allume dans, *pag.* 101.

Pour le jour du Saint-Sacrement.

Quel noble feu, *pag.* 89.

Pour la procession du Saint-Sacrement. (*N°* 111.)

1. Chère Sion, pousse un cri d'allégresse,
   Le Dieu d'amour sort en triomphateur;
   Lui-même il vient, conduit par sa tendresse,
   De ses enfants solliciter l'ardeur.
      Décorons son passage;
      Que tout lui rende hommage;
   Faisons vers lui voler, avec ces fleurs,
   Nos chants joyeux, notre encens et nos cœurs.
2. Nouveau soleil que le monde contemple,
   Qu'avec éclat de ton repos tu sors!
   Viens! L'univers en ce jour est ton temple,
   De tes enfants recueille les transports.
      Toute la terre émue
      Se ranime à sa vue.   Faisons, etc.
3. Roi bienfaisant, son peuple l'environne,
   Il suit partout ses lévites heureux;
   Ici l'amour vient d'élever un trône,
   Il daigne encore y recevoir nos vœux.
      Priez, troupe fidèle,
      Et pleins d'un nouveau zèle,   Faisons, etc.
4. Reconnaissons le Dieu de la nature,
   En lui payant le tribut de ses dons;
   Ces tendres fleurs, cette aimable verdure
   Sont ses présents, et nous les lui rendons.
      Peut-on trouver un gage
      Qui ne soit son ouvrage?   Faisons, etc.

5. Oui, c'est l'amour qui, dans ce doux mystère,
Voile d'un Dieu la haute majesté;
Oui, c'est encor l'amour qui nous éclaire
Et nous fait voir l'invisible beauté ;
   O charité suprême !
   On te croit lorsqu'on t'aime.   Faisons, etc.

6. O Roi du ciel! ô Maître de la terre !
Nous t'adorons avec ravissement;
Qui n'aimerait un si généreux père,
Un Dieu si bon, un maître si charmant !
   Ah ! descends dans nos ames,
   Brûle-les de tes flammes,
Et qu'à jamais nous puissions, doux Sauveur,
T'offrir nos chants, notre encens, notre cœur.

Pour la Fête du sacré Cœur de Jésus.

(Nos 73 et 74.)

1. Cœur de Jésus, cœur à jamais aimable,
Cœur digne d'être à jamais adoré !
Ouvre à mon cœur un accès favorable ;
Bénis ce chant (*bis*) que je t'ai consacré.
Aide ma voix (*bis*) à louer ta puissance,
Ta vive ardeur (*bis*), tes charmes, tes attraits,
Tes saints soupirs, tes transports, ta clémence } *bis.*
Ton tendre amour, l'excès de tes bienfaits.

2. O divin Cœur! ô source intarissable
De tous vrais biens, de douceur, de bonté !
Tu réunis dans ton centre adorable
Tous les trésors (*bis*) de la Divinité;
Maître des dons (*bis*) de sa magnificence,
Arbitre seul (*bis*) des célestes faveurs,
Cœur plein d'amour, tu mets ta complaisance } *bis.*
A les répandre, à les voir dans nos cœurs.

3. Quand Jésus suit la brebis infidèle,
Son cœur conduit et fait hâter ses pas;
Quand il reçoit un fils ingrat, rebelle,
Son cœur étend (*bis*) et resserre ses bras ;
Quand à ses pieds (*bis*) la femme pénitente
Vient déposer (*bis*) ses pleurs et ses regrets,

Quand il la voit fidèle et repentante, } bis.
Il l'enrichit de ses plus doux bienfaits.

4. C'est dans ce cœur, de tous les cœurs l'asile,
Que l'ame tiède excite sa langueur,
Que le pécheur a son pardon facile,
Que le fervent (*bis*) enflamme son ardeur.
Le cœur plongé (*bis*) dans le sein des disgrâces
Trouve dans lui (*bis*) l'oubli de sa douleur,
Et le cœur faible, une source de grâces } bis.
Qui le remplit de force et de vigueur.

5. Jardin sacré, vous, ô montagne sainte !
Tristes témoins de Jésus affligé,
Apprenez-nous dans quel excès de crainte,
Dans quels ennuis (*bis*) Jésus était plongé,
Quand de la mort (*bis*) sentant la vive atteinte,
Et tout le poids (*bis*) du céleste courroux,
Ce Dieu d'amour voyait la terre teinte } bis.
Des flots de sang qu'il répandait pour nous.

6. Ce fut son cœur qui d'un amer calice
Lui fit pour nous accepter les rigueurs,
Et qui pour nous l'offrit à la malice,
A tous les traits (*bis*) de ses persécuteurs;
Si sur la croix (*bis*) Jésus daigne s'étendre,
Son cœur l'y fixe (*bis*), et s'il daigne y mourir,
Ah! c'est encor ce cœur, pour nous si tendre, } bis.
Qui nous fait don de son dernier soupir.

Même Sujet. (N° 15.)

1. Perçant les voiles de l'aurore,
Le jour apparaît dans les cieux:
Ainsi, cœur sacré que j'adore,
Tout rayonnant d'amour; tu viens frapper mes yeux.
Séraphins, à ce Roi suprême
Souffrez que j'offre vos ardeurs:
Pour aimer Jésus comme il aime,
Faibles mortels, c'est trop peu de nos cœurs.
2. Toujours dans cet heureux asile
Jésus fixera son séjour :

Venez, peuple tendre et docile,
Venez donner vos cœurs au cœur du Dieu d'amour.
   Séraphins, etc,

3. Ce cœur généreux, magnanime,
   Du ciel irrité contre nous
   Voulut devenir la victime,
Et nous mettre à l'abri des traits de son courroux.
   Séraphins, etc.

4. Des instruments de son supplice
   Il dresse un trophée en ce jour :
   Quel noble et touchant artifice
Pour captiver nos cœurs, les gagner sans retour !
   Séraphins, etc.

5. Contemplez la croix qui s'élève
   Du cœur entr'ouvert de Jésus ;
   Le sang de Jésus est la sève
Qui fait croître et fleurir cet arbre des élus.
   Séraphins, etc.

6. Sondez la profonde blessure
   D'où des flots de sang ont coulé.
   C'est là qu'attendri, je mesure
A quel excès d'amour Jésus s'est immolé.
   Séraphins, etc.

7. Comptez ces épines cruelles,
   Jésus en soutient les rigueurs,
   A leur aspect, ames charnelles,
Oseriez-vous encore vous couronner de fleurs ?
   Séraphins, etc.

8. Que vois-je ? des torrents de flamme
   S'élancent du cœur de mon Dieu !
   Amour, oui, c'est toi qui l'enflamme :
Ah ! partout en ces lieux répands un si beau feu.
   Séraphins, etc.

9. Autour de ce cœur, ô saints Anges !
   Tremblants et joyeux à la fois,
   Chantez, célébrez ses louanges ;
A vos chants s'uniront et nos cœurs et nos voix.
   Séraphins, etc.

10. O cœur, notre unique espérance,
   Couronne en ce jour tes bienfaits ;

Deviens le salut de la France ,
Et force tous les cœurs de t'aimer à jamais.
Séraphins , etc.

Cantique pour les fêtes de la Sainte-Vierge.

(No 75.)

1. Vous qu'en ces lieux combla de ses bienfaits
    Une mère auguste et chérie ,
Enfants de Dieu , que vos chants à jamais
    Exaltent le nom de Marie.   *bis.*
Je vois monter tous les vœux des mortels
    Vers le trône de sa clémence ;
Tout à sa gloire élève des autels
    Des mains de la reconnaissance.
Nous qu'en ces lieux combla de ses bienfaits
    Une Mère auguste et chérie ,
Enfants de Dieu , que nos chants à jamais
    Exaltent le nom de Marie.   *bis.*
2. Ici , sa voix puissante sur nos cœurs
    A la vertu nous encourage ;
Sur le saint joug elle répand des fleurs ;
    Notre innocence est son ouvrage.   *bis.*
Si le lion rugit autour de nous ,
    Elle étend son bras tutélaire ;
L'enfer frémit d'un impuissant courroux ,
    Et le ciel sourit à la terre.
        Nous qu'en , etc.
3. Quand le chagrin , de ses traits acérés ,
    Blesse nos cœurs et les déchire ,
Sensible mère , elle est à nos côtés ;
    Avec nos cœurs le sien soupire.   *bis.*
Combien de fois sa prévoyante main
    De l'ennemi rompit la trame !
Nous la priions et nous sentions soudain
    La paix renaître dans notre ame.
        Nous qu'en , etc.
4. Battu des flots , vain jouet du trépas ,
    La foudre grondant sur sa tête ,
Le nautonier se jette entre ses bras ,

L'invoque et voit fuir la tempête :   *bis.*
Tel le Chrétien, sur ce monde orageux,
   Craint toujours un triste naufrage ;
Mais à Marie adresse-t-il ses vœux,
   Il aborde en paix au rivage.
     Nous qu'en, etc.

5. Heureux celui qui, dès ses premiers ans,
   Mit tout son bonheur à lui plaire ;
Heureux ceux qu'elle adopta pour enfants :
   La Reine des cieux est leur mère.   *bis.*
Oui, sa bonté se plaît à secourir
   Un cœur confiant qui la prie.
Siècles, parlez... vit-on jamais périr
   Un vrai serviteur de Marie ?
     Nous qu'en, etc.

6. Vos fronts, pécheurs, pâlissent abattus
   A l'aspect du souverain Juge :
Ah ! si Marie est Reine des vertus,
   Des pécheurs elle est le refuge.   *bis.*
Déposez donc en son sein maternel
   Votre repentir et vos larmes ;
Elle priera ! des mains de l'Eternel
   Bientôt s'échapperont les armes.
     Nous qu'en, etc.

7. Si vous avez, dans toute sa fraîcheur,
   Conservé la tendre innocence,
Ah ! votre Mère en a sauvé la fleur ;
   Elle vous garda dès l'enfance.   *bis.*
A son autel venez, enfants chéris,
   Savourer de saintes délices ;
Consacrez-lui vos cœurs et vos esprits,
   Elle en mérite les prémices.   Nous, etc.

8. Temple divin, sanctuaire béni !
   Faut-il donc quitter ton enceinte !
Faut-il aller de ce monde ennemi
   Braver la meurtrière atteinte !   *bis.*
Tendre Marie ! ah ! nous allons périr,
   Le scandale inonde la terre ;
Veillez sur nous, daignez nous secourir,
   Montrez-vous toujours notre Mère.   Nous, etc.

La France se consacrant à Marie. (Nᵒ 107.)

1. Protectrice de la France,
Vos enfants à vos genoux
Implorent votre assistance,
Et se consacrent à vous.
Daignez porter nos prières
Jusqu'aux pieds du Dieu d'amour.
O la plus tendre des Mères !
Priez pour nous chaque jour.   *ter.*

2. A vos pieds, ô tendre Mère !
Nous déplorions nos malheurs ;
En nous rendant un bon Père,
Vous avez séché nos pleurs.
    Daignez, etc.

3. De David auguste Fille,
Par vous nous sommes heureux ;
Conservez-nous la famille
Que Dieu rendit à nos vœux.
    Daignez, etc.

4. Que votre Fils, dans la France,
Trouve des adorateurs ;
Alors la douce espérance
Renaîtra dans tous les cœurs.
    Daignez, etc.

5. Versez avec abondance
Vos faveurs sur notre Roi ;
Que son zèle, dans la France,
Fasse triompher la Foi.
    Daignez, etc.

6. Aidez-lui, Vierge Marie,
A déraciner des cœurs
L'amour de la secte impie
Qui causa tous nos malheurs.
    Daignez, etc.

7. Que le Français, d'âge en âge,
Soit le soutien de la Foi.

Offre au Seigneur son hommage,
Aime et défende son Roi.
     Daignez, etc.

Nativité de la Sainte-Vierge. (N° 134.)

1. De tes enfants reçois l'hommage,
   Prête l'oreille à leurs accents ;
   Seigneur, c'est ton plus noble ouvrage
   Qu'ils vont célébrer dans leurs chants.
   Ranimé par ta main puissante,
   Plein d'un espoir consolateur,
   David de sa tige mourante
   Voit germer la plus belle fleur.
Pleine de grâce, ô Reine incomparable !
L'honneur, la gloire et l'appui d'Israël,
Jetez sur nous un regard favorable,
De cet exil conduisez-nous au ciel.

2. Des ennuis, des maux, des alarmes
   Cette terre était le séjour,
   Mais le ciel pour tarir nos larmes,
   Nous donne une mère en ce jour :
   Chantons une mère chérie,
   Offrons-lui le don de nos cœurs ;
   Qu'avec nous l'univers publie
   Et ses beautés et ses grandeurs.
       Pleine de grâce, etc.

3. Oh ! quand disparaîtront les ombres
   Qui la couvrent de toutes parts ?
   Fuyez, fuyez nuages sombres
   Qui la voilez à nos regards.
   Verse des torrents de lumière
   Sur Sion et ses habitants,
   Etoile bienfaisante !... éclaire
   Et guide leurs pas chancelants.
       Pleine de grâce, etc.

4. Déjà la Paix et la Justice,
   Ceintes d'un éclat immortel,
   A ses pieds enchaînant le Vice,
   Cimentent un pacte éternel.

Et sur sa lyre prophétique
Isaïe, encore une fois,
Redit son sublime cantique
A la mère du Roi des rois.
    Pleine de grâce, etc.

5. Elle est pure comme l'aurore
  Qui luit dans un brillant lointain,
Comme le lis qu'on voit éclore
Dans la fraîcheur d'un beau matin :
Et jusqu'aux sources de la vie,
Par un prodige sans égal,
Son ame ne fut point flétrie
Du souffle empoisonné du mal.
    Pleine de grâce, etc.

6. Ainsi qu'un palmier solitaire,
  Qui croît sur le courant des eaux,
Et tous les ans donne à la terre
Des fleurs avec des fruit nouveaux ;
Ainsi, loin du monde volage,
Il croîtra cet enfant divin,
Et tous les peuples, d'âge en âge,
Béniront le fruit de son sein.
    Pleine de grâce, etc.

Consécration à la Sainte-Vierge. (N° 76.)

1. Je veux célébrer par mes louanges
La gloire de la Reine des cieux,
Et m'unissant aux concerts des anges,
Je m'engage à la chanter comme eux,
  Je m'engage, etc.

2. Sur vos pas, ô divine Marie !
Plus heureux qu'à la suite des rois,
Dès ce jour et pour toute ma vie,
Je m'engage à vivre sous vos lois,
    Je m'engage, etc.

3. Si du monde écoutant le langage,
Du plaisir j'ai cherché les attraits,

A vous posséder seul en partage,
Je m'engage aujourd'hui pour jamais.
    Je m'engage, etc.

4. Admire ton bonheur, ô mon âme !
  Le ciel même en doit être jaloux,
  Puisqu'en suivant l'ardeur qui t'enflamme,
  Je m'engage aux devoirs les plus doux,
      Je m'engage, etc.

5. Par un culte constant et sincère,
  Par un vif et généreux amour,
  A servir, à chérir une Mère,
  Je m'engage aujourd'hui sans retour,
      Je m'engage, etc.

6. Mais si je veux lui marquer mon zèle
  Et participer à son bonheur,
  Il faut qu'à suivre en tout ce modèle
  Je m'engage et d'esprit et de cœur,
      Je m'engage, etc.

7. Mère sensible et compatissante,
  Soutenez au milieu des combats
  Les efforts d'une ame pénitente,
  Qui s'engage à marcher sur vos pas,
      Qui s'engage, etc.

8. Tu n'es plus qu'une terre étrangère
  Pour moi, monde volage et trompeur :
  Je ne veux plus servir que ma Mère,
  Qui s'engage à faire mon bonheur,
      Qui s'engage, etc.

9. Unissez vos voix, peuple fidèle,
  Aux accords des esprits bienheureux,
  Pour chanter les louanges de celle
  Qui s'engage à comhler tous nos vœux,
      Qui s'engage, etc.

Même Sujet. (*N°* 77.)

1. Sion, de ta mélodie
   Cesse les divins accords ;
   Laisse-nous près de Marie

Faire éclater nos transports :
La Reine que tu révères,
Le digne objet de tes chants,
Apprends qu'elle est notre Mère.
Et fais place à ses enfants.

2. Mais comment dans cette enceinte
Percer la voûte des cieux !
Descends plutôt Vierge sainte,
Et viens régner en ces lieux !
Viens d'un exil trop sévère
Adoucir les longs tourments :
Ta présence, auguste Mère,
Sera chère à tes enfants.

3. Pour toi nous sentons nos ames
Brûler en ce divin jour,
Des plus innocentes flammes,
Du plus généreux amour.
Ah ! puissions-nous à te plaire
Consacrer tous nos instants,
Et prouver à notre Mère
Que nous sommes ses enfants !

4. Sur tes Autels, ô Marie !
Tous d'une commune voix,
Nous jurons toute la vie,
D'être soumis à tes lois.
De notre hommage sincère
Puissent ces faibles garants
Flatter notre tendre Mère,
C'est le vœu de ses enfants.

Bonheur de servir Marie. (N° 78.)

1. Heureux qui, dès le premier âge,
Honorant la Reine des cieux,
Fuit les dons qu'un monde volage
Etale avec pompe à ses yeux !
Qu'on est heureux sous son empire,
Qu'un cœur pur y trouve d'attraits !
Tout y ressent, tout y respire
L'amour, l'innocence et la paix.

2. Mondain ta grandeur tout entière
   S'anéantit dans le tombeau :
   L'instant où finit ta carrière
   Du juste est l'instant le plus beau.
   La paix règne sur son visage,
   Son cœur est embrâsé d'amour ;
   Sa vie a coulé sans nuage,
   Sa mort est le soir d'un beau jour.

3. Comme un rocher qui d'âge en âge,
   Battu par les flots agités,
   Brave la fureur de l'orage
   Et l'effort des vents irrités,
   Le vrai serviteur de Marie,
   Sûr à jamais de son appui,
   Brave l'impuissante furie
   De l'enfer armé contre lui.

4. Mais l'éclat d'un monde volage
   Séduit-il nos faibles esprits,
   Elle dédaigne notre hommage,
   Et le repousse avec mépris.
   Dès lors que notre ame est charmée
   Des biens fragiles et mortels,
   Notre encens n'est qu'une fumée
   Qui déshonore ses autels.

5. Comment avec un cœur profane
   Le pécheur malgré ses forfaits
   De la vertu qui le condamne
   Ose-t-il chanter les attraits ?
   De son ame impure et flétrie
   Nourrissant un feu criminel,
   Comment ose-t-il à Marie
   Jurer un amour éternel ?

6. Régnez, Vierge sainte en notre âme,
   Vous y ferez régner la paix.
   Gravez en nous en traits de flamme
   Le souvenir de vos bienfaits.
   Mettez à l'ombre de vos ailes
   Ces cœurs qui vous sont consacrés ;
   Vers les demeures éternelles
   Guidez nos pas mal assurés.

Immaculée conception. (*N*° 79.)

1. Enfin de son tonnerre
Dieu dépose les traits,
Et Marie à la terre
Vient annoncer la paix.
Ainsi quand sa vengeance
Éclate dans les airs,
L'arc de son alliance
Rassure l'univers.
2. Quelle est touchante et
pure !
Le lis qu'ont embelli
Les mains de la nature,
Auprès d'elle est flétri :
Les rayons de l'aurore,
Les feux du plus beau jour
Sont bien moins purs en-
core
Que ceux de son amour.
3. En vain Satan murmure
Et réclame ses droits,
Sur cette créature
Dieu seul étend ses lois :
Rien dans ce sanctuaire
Ne blessera ses yeux,
Et le sein de sa mère
Est pur comme les cieux.

4. D'une tige flétrie
Trop heureux rejeton,
Tu trompes, ô Marie !
La fureur du démon :
Il faut, le ciel l'ordonne,
Que malgré sa fierté,
Sa tête de ton trône
Soit le premier degré.
5. Les anges à Marie
Consacrent leur amour,
De leur Reine chérie
Ils préparent la cour ;
L'homme dans sa misère
La demande, et les cieux
Disputent à la terre
Ce trésor précieux.
6. Venez, auguste Reine ;
L'univers en suspens
Attend sa souveraine.
Venez à vos enfants
Préparer la victoire
Sur l'enfer en courroux,
Pour qu'un jour, dans la
gloire,
Ils règnent avec vous.

Au Cœur de Marie. (*N*ᵒˢ 109 *et* 79.)

1. Cœur sacré de Marie,
Cœur tout brûlant d'amour,
Cœur que la terre envie
Au céleste séjour !
Communique à nos ames
Un rayon de ce feu,

De ces divines flammes
Dont tu brûlas pour ⎞ *bis.*
Dieu. ⎠
2. Sanctuaire ineffable
Où reposa Jésus,
O source intarissable

De toutes les vertus!
Percé sur le Calvaire
D'un glaive de douleurs,
Tu ne vois sur la terre
Que mépris, que froi- } bis.
deurs.

3. Cœur tendre, cœur aimable,
Des pécheurs le secours !,
Leur malice exécrable
Te perce tous les jours.
Ah! puissent nos hommages

Réparer aujourd'hui
Tant de sanglants ou- }
trages   } bis.
Qu'on te fait l'envi. }

4. Montre-toi notre mère;
De tes enfants chéris
Reçois l'humble prière
Pour l'offrir à ton Fils.
Conduis-nous sous ton aile
Jusqu'au cœur de Jésus :
Une mère peut-elle } bis.
Essuyer un refus ? }

Invocation à Marie. (N° 111.)

(Voir à la fin des Cantiques.)

1. Je vous salue, auguste et sainte Reine,
Dont la beauté ravit les immortels!
Mère de grâce, aimable souveraine,
Je me prosterne aux pieds de vos autels.
        O divine Marie!
        Mère tendre et chérie !
Amour, amour, c'est le cri de nos cœurs :
Reçois nos vœux, comble-nous de faveurs.   bis.

2. Je vous salue, ô divine Marie!
Vous méritez l'hommage de nos cœurs ;
Après Jésus, vous êtes et la vie,
Et le refuge et l'espoir des pécheurs.
        O divine Marie, etc.

3. Fils malheureux d'une coupable mère,
Bannis du ciel, les yeux baignés de pleurs,
Nous vous faisons de ce lieu de misère,
Par nos soupirs entendre nos douleurs.
        O divine Marie, etc.

4. Ecoutez-nous, puissante protectrice :
Tournez sur nous vos yeux compatissants,
Et montrez-nous qu'à nos malheurs propice.
Du haut des cieux vous aimez vos enfants.
        O divine Marie, etc.

5. O douce, ô tendre, ô pieuse Marie !
O vous de qui Jésus reçut le jour,
Faites qu'après l'exil de cette vie,
Nous le voyons dans l'éternel séjour.
O divine Marie, etc.

Assomption de la Sainte-Vierge. *(N° 131.)*

1. Triomphons, notre Mère est au sein de la gloire ;
Jusques aux cieux où son trône est porté,
Le seul espoir dont son cœur est flatté,
Est de voir ses enfants partager sa victoire.
Reine des cieux, de vos enfants
Reconnaissez, écoutez le langage ;
Ils osent de leur cœur vous présenter l'hommage,
Vous exprimer leurs sentiments.
Guidés par la reconnaissance,
Ils vous consacrent leur enfance :
Toujours vous plaire est leur désir,
Vous aimer fait leur seul plaisir.
Triomphons, etc.

2. C'est dans son cœur que désormais,
Pour être heureux, j'ai fait choix d'un asile !
Mes jours sont plus sereins, mon ame est plus tran-
quille,
Et mon esprit goûte la paix.
Dans cette aimable solitude,
L'aimer est mon unique étude ;
Son tendre cœur fut mon berceau,
Dans son cœur sera mon tombeau.
Triomphons, etc.

3. Quand verrons-nous cet heureux jour
Où ses enfants recevront leur couronne ;
C'est sa bonté pour eux, c'est son cœur qui la donne ;
Elle est le prix de leur amour.
Dans cette attente je soupire,
Au bonheur céleste j'aspire.
Désir toujours cher à mon cœur,
Doux espoir soutiens mon ardeur.
Triomphons, etc.

Soupirs des Ames dans le Purgatoire.
(Nᵒˢ 80 et 126.)

1. Au fond des brûlants abimes
Nous gémissons, nous pleurons ;
Et, pour expier nos crimes,
Loin de Dieu nous y souffrons.
  Hélas ! hélas !
Feu vengeur, de tes victimes
Les pleurs ne t'éteignent pas.
  Hélas ! hélas ! etc.
2. A l'aspect de nos supplices ;
Chrétiens, attendrissez-vous :
A nos maux soyez propice,
O nos frères ! sauvez-nous.
  Hélas ! hélas !
Le Ciel sans vos sacrifices,
Ne les abrégera pas.
  Hélas ! hélas ! etc.

3. De ces flammes dévorantes
Vous pouvez nous arracher :
Hâtez-vous, ames ferventes,
Dieu se laissera toucher.
  Hélas ! hélas !
De ces peines si cuisantes
La fin ne vient-elle pas ?
  Hélas ! hélas ! etc.
4. Grand Dieu, de votre justice
Désarmez le bras vengeur.
Que notre malheur finisse
Par le sang d'un Dieu Sauveur.
  Hélas ! hélas !
Votre main libératrice
Ne s'étendra-t-elle pas ?
  Hélas ! hélas ! etc.

En l'honneur de Saint Louis de Gonzague.
(Nᵒ 81.)

1. Heureux enfants, accourez tous,
  A Louis venez rendre hommage.
  De vos amis c'est le plus doux,
  Heureux enfants accourez tous ;
  A son culte consacrez-vous :
  Il est le patron de votre âge.
2. Astre brillant dès son matin,
  Son lever n'a point eu d'aurore,
  Et Dieu le conduit par la main ;
  Astre brillant dès son matin,

} bis.

4.

Bientôt il touche à son déclin,
Plus grand, plus radieux encore.

3. Pour lui tout n'est que vanité;
Il foule aux pieds le diadême.
Jeunesse, esprit, talent, beauté,
Pour lui tout n'est que vanité:
Son unique félicité
Est de jouir de Dieu, qu'il aime.

4. Il prend Dieu seul pour son appui.
De la foi vive qui l'anime
Où trouver l'exemple aujourd'hui?
Il prend Dieu seul pour son appui,
Et de l'amour qu'il a pour lui
Bientôt il devient la victime.

5. Montez au ciel, enfant d'amour,
Allez régner avec les anges;
Quittez ce terrestre séjour,
Montez au ciel, enfant d'amour.
Que les mortels en ce beau jour,
Célèbrent partout vos louanges.

6. Oui, Gonzague fut un martyr
Qui ne respirait que des supplices.
Mort aux grandeurs, mort au plaisir,
Oui, Gonzague fut un martyre;
Mais l'amour qui le fit souffrir
Bientôt l'enivre de délices.

7. Portes de Sion, ouvrez-vous,
C'est Louis, enfant de Marie;
Ce trésor n'était plus pour nous.
Portes de Sion, ouvrez-vous;
Le ciel, de la terre jaloux
Le rappelle dans sa patrie.

8. Aimable saint, priez pour nous:
Obtenez qu'en suivant vos traces
Au ciel nous montions après vous.
Aimable saint, priez pour nous;
Nous implorons à vos genoux
Le secours des célestes grâces.

Pour la Bénédiction des Enfants. (*N*o 103.)

1. Age pur, aimable saison,
Douces prémices de la vie,
Où l'innocence et la raison
Offrent un sort digne d'envie;
Heureux qui voit couler en paix
Vos heures, vos jours sans nuages,
Donnant au Dieu qui nous a faits
Tous les instants de ce bel âge!   *bis.*
2. Jeunes enfants, votre Sauveur
Vous a choisis par préférence;
Il chérit en vous la candeur
Et la pureté de l'enfance :
Puissiez-vous sentir ce bonheur,
Et goûter pour lui sans partage,
Tous les transports d'une ferveur
Qui croisse avec vous d'âge en âge!   *bis.*
3. Venez aux pieds du saint autel,
A lui seul consacrer vos ames,
A ce bienfaiteur immortel
Porter le tribut de vos flammes.
Oh! si vous êtes innocents,
Il vous tient ce tendre langage :
« Laissez venir à moi ces enfants;
Mon royaume est fait pour cet âge. »   *bis.*
4. Aimer le monde et ses plaisirs,
C'est un désordre, une folie;
Suivre ses coupables désirs,
C'est trop ressembler à l'impie :
Mais payer d'un juste retour
Un Dieu dont nous sommes l'image,
Et lui rendre amour pour amour,
C'est le triomphe de notre âge.   *bi .*
5. Bienheureux qui peut vous aimer
D'un amour constant et solide;
Eh! quel autre objet peut charmer
Une ame des vrais biens avide!

Quand viendra ce bien souhaité,
Le terme de ce court voyage,
Où l'amour, dans l'éternité,
N'aura plus à craindre de l'âge !   *bis.*
6. Vierge, patronne des enfants,
Notre amour et notre espérance,
Au milieu des maux renaissants,
Nous réclamons votre puissance :
Préservez-nous de tout péril ;
Loin de nous écartez l'orage ;
De vos enfants dans cet exil,
Montrez-vous mère de tout âge.   *bis.*

Avantages de la Ferveur. (N° 82.)

1. Goûtez, âmes ferventes,
Goûtez votre bonheur;
Mais demeurez constantes
Dans votre sainte ardeur.
    Heureux le cœur fidèle
Où règne la ferveur !
On possède avec elle
Tous les dons du Sei-
    gneur.   *bis.*

2. Elle est le vrai partage
Et le sceau des élus ;
Elle est l'appui, le gage
Et l'ame des vertus.
    Heureux, etc.

3. Par elle la foi vive
S'allume dans les cœurs,
Et sa lumière active
Guide et règle nos mœurs.
    Heureux, etc.

4. Par elle l'espérance
Ranime nos soupirs,
Et croit jouir d'avance
Des célestes plaisirs.
    Heureux, etc.

5. Par elle dans les âmes
S'accroît de jour en jour,
L'activité des flammes
Du pur et saint amour.
    Heureux, etc.

6. C'est sa vertu puissante
Qui garantit nos sens
De l'amorce attrayante
Des plaisirs séduisants.
    Heureux, etc.

7. C'est sous sa vigilance
Que l'esprit et le cœur
Conservent l'innocence
Et l'aimable pudeur.
    Heureux, etc.

8. C'est elle qui de l'ame
Dévoile la grandeur;
Et le zèle s'enflamme
Par sa brûlante ardeur.
    Heureux, etc.

9. De l'ame pénitente
Elle adoucit les pleurs,
Et de l'ame souffrante
Elle atteint les douleurs.
    Heureux, etc.

10. Celui qui fut docile
A vivre sous ses lois,
Courut d'un pas agile
La route de la croix.
  Heureux, etc.

11. Par elle du martyre
Les sanglantes rigueurs
Au cœur qui le désire
N'offrent que des douceurs.
  Heureux, etc.

12. Elle est, pour qui se-
  conde
Ses généreux efforts,
Une source féconde
Des célestes trésors.
  Heureux, etc.

13. Une larme sincère,
Un seul soupir du cœur,
Par elle a de quoi plaire
Aux yeux purs du Seigneur.
  Heureux, etc.

14. C'est elle qui prépare
Tous ces traits de beauté
Dont la main de Dieu pare
Les Saints dans sa clarté.
  Heureux, etc.

15. Sous ses heureux aus-
  pices
On goûte les bienfaits,
Les charmes, les délices
De la plus douce paix.
  Heureux, etc.

16. Mais, sans sa vive
  flamme,
Tout déplaît, tout languit,
Et la beauté de l'ame
Se fane et dépérit.
  Heureux le cœur fidèle
Où règne la ferveur ;
On a part avec elle
Aux saints dons du Sei-
  gneur.   bis.

FIDÉLITÉ A JÉSUS.

Charmes de la Retraite. (Nº 38.)

1. Jésus charme ma solitude
Et comble mes plus cher désirs ;
Toujours exempt d'inquiétude,
Je goûte les plus doux plaisirs.
  Si dans mon ivresse,
Dieu d'amour je vous méconnus,
Désormais je dirai sans cesse :
Vive Jésus ! vive Jésus !   bis.

2. Le monde est un climat sauvage,
Où j'ai trop longtemps habité :
Quel exil ! quel affreux rivage !
Quel asile d'impiété !
  Si dans mon ivresse, etc.

5. Jésus me sera favorable,
   Il m'assure de son secours ;
   Quel revers peut être capable
   De troubler la paix de mes jours ?
   Si dans mon ivresse, etc.

4. Je vois le ciel, la terre et l'onde,
   Remplis de son immensité ,
   Et dans tous les climats du monde
   Son nom des peuples exalté.
   Si dans mon ivresse , etc.

Sentiments de reconnaissance et d'amour.

(N° 84.)

1. Seigneur, dès ma première enfance,
   Tu me prévins de tes bienfaits ;
   Heureux, si la reconnaissance
   Dans mon cœur les grave à jamais !
   Le monde (bis) trompeur et volage ,
   En vain m'offrira sa faveur ;
   Je n'en veux point, tout mon partage
   Est de n'aimer que le Seigneur.   bis.

2. Dieu règne en père dans mon ame ,
   Il en remplit tous les désirs ;
   Et l'amour pur dont il m'enflamme
   Vaut seul mieux que tous les plaisirs.
   Le monde, etc.

3. Si je m'égare il me rappelle ;
   Si je tombe, il me tend la main ;
   Il me protége sous son aile,
   Même il me cache dans son sein.
   Le monde, etc.

4. Si je suis constant et fidèle
   A conserver son saint amour,
   Une récompense éternelle
   L'attend dans son divin séjour.
   Le monde, etc.

Louanges à Jésus-Christ dans le Saint-Sacrement de l'Autel. (*N*° 129.)

1. Allons parer le Sanctuaire,
   Ornons à l'envi nos autels :
   Jésus, du sein de la lumière,
   Descend au milieu des mortels.
   Plus il s'abaisse,
   Plus sa tendresse
   Mérite un généreux retour.
   A nos louanges,
   O chœur des anges !
   Mêlez vos cantiques d'amour.
Chœur. Plus il s'abaisse, etc.

2. Baignons de pleurs l'auguste table
   Où son sang coule encore pour nous,
   Au pied de ce calvaire aimable,
   Enfants de Dieu, prosternez-vous.
   De sa justice,
   Ce sacrifice
   Arrête le bras irrité ;
   Et sur le juste
   Sa voix auguste
   Du ciel appelle la bonté.
Chœur. De sa justice, etc.

3. Accourons tous à l'arche sainte ;
   Riches, ornez-la de présents ;
   Nous, saisis d'amour et de crainte,
   Portons-y des cœurs innocents.
   L'or, la poussière,
   Dieu de lumière,
   Devant toi sont d'un même prix :
   Un cœur qui t'aime,
   Beauté suprême,
   Voilà les dons que tu chéris.
Chœur. L'or, la poussière, etc.

Protestation de n'être qu'à Jésus-Christ.
(*N*° 144.)

1. Le monde, par mille artifices
   Cherche à captiver votre cœur ;
   Jésus, pour faire son bonheur ,
   Vous en demande les prémices.
   A qui votre cœur, en ce jour ,
   Donnera-t-il la préférence ?

Chœur. A Jésus seul tout mon amour :
   Il veut être ma récompense.

2. De roses couronnant sa tête,
   Le mondain, libre en ses désirs,
   Compte ses jours par ses plaisirs,
   Se promène de fête en fête :
   Mais dans l'éclat du plus beau jour,
   Le remords le ronge en silence.

Chœur. A Jésus seul, etc.

3. Contemplez l'impie en délire,
   Disputant son ame à son Dieu ;
   Le corps glacé, mais l'œil en feu :
   Le blasphème en sa bouche expire.
   L'horreur de l'infernal séjour
   Dans son cœur habite d'avance.

Chœur. A Jésus seul, etc.

4. Voilà donc les biens que tu donnes ,
   O monde ! voilà donc ta paix !
   La mort change en tristes cyprès
   Les myrtes dont tu nous couronnes.
   Ah ! reprends ton bonheur d'un jour,
   Rends-moi l'immortelle espérance.

Chœur. A Jésus seul, etc.

5. Il viendra ce jour de victoire
   Où paraîtront tous les élus,
   Autour du trône de Jésus,
   Couronnés d'amour et de gloire.
   O doux moment ! bienheureux jour !
   Sois désormais mon espérance.

Chœur. A Jésus seul, etc.

6. Il s'élève. Oh ! quelle lumière
Luit sur le front des bienheureux !
Ciel ! dans quel état glorieux
Renaît une vile poussière.
La croix brille enfin à son tour,
La croix, mon unique espérance.

Chœur. A Jésus seul, etc.

7. Dieu puissant, pour prix de son zèle,
Fais alors que le bon pasteur
Dans les plaines du vrai bonheur
Entre avec son troupeau fidèle.
Là, tous rediront tour à tour,
Transportés de reconnaissance :

Chœur. A Jésus seul, etc.

Renouvellement des vœux du Baptême. (N° 66.)

1. Quand l'eau sainte du baptême
Coula sur nos fronts naissants,
Et qu'un Dieu, la bonté même,
Vous adopta pour enfants,
    Muets encore,
D'autres promirent pour vous :
Aujourd'hui confessez tous
La foi dont un chrétien s'honore.
    Foi de nos pères,
Notre règle et notre amour,
Nous embrassons dans ce jour
Et ta morale et tes mystères.

2. En vain à ma foi soumise
S'oppose un orgueil trompeur :
Sur les traces de l'Eglise
Puis-je marcher dans l'erreur ?
    Trinité sainte,
Je te confesse et te crois,
Et je t'adore trois fois,
Pénétré d'amour et de crainte.
    Foi de nos pères, etc.

3. Annoncé par mille oracles,
Et de la terre l'espoir,
L'Homme-Dieu par ses miracles
Fait éclater son pouvoir.
Victime pure,
Il triomphe du trépas;
Et je n'adorerais pas
En lui l'auteur de la nature!
Foi de nos pères, etc.

4. Que sa morale est sublime!
Que sa parole a d'attraits!
À tous les cœurs qu'il anime
Il en ouvre les secrets.
Et l'on blasphème
Ce Dieu fait homme pour nous!
Ingrat! tombez à genoux...
Voyez s'il mérite qu'on l'aime.
Foi de nos pères, etc.

5. Par un funeste héritage,
Nos parents avec le jour,
Nous transmirent en partage
La haine d'un Dieu d'amour.
J'implore et crie....
Dieu s'offense de mes pleurs.
Mais Jésus a dit: je meurs ;
Et sa mort me rend à la vie.
Foi de nos pères, etc.

6. Ciel! quelle robe éclatante!
Quel bain pur et bienfaisant!
Quelle parole puissante
D'un Dieu m'a rendu l'enfant!
Je te baptise, ...
Le ciel s'ouvre, plus d'enfer,
Et des Anges le concert
M'introduit au sein de l'Eglise.
Foi de nos pères, etc.

7. De quel œil de complaisance
Vous me vîtes, ô mon Dieu !
Quand, revêtu d'innocence,
On m'emporta du saint lieu !

Pensée amère !
O beau jour trop tôt passé !
Hélas ! je me suis lassé,
Mon Dieu, de vous avoir pour père.
　　Foi de nos pères, etc.
8. J'ai blessé votre tendrese,
Violé vos saintes lois ;
Vous me rappeliez sans cesse,
Je repoussais votre voix.
　　Ah ! si mes larmes
Ont mérité mon pardon,
Seigneur, de votre maison
Je puis goûter encore les charmes.
　　Foi de nos pères, etc.
9. Loin de moi, monde profane ;
Fuis, ô plaisir séduisant !
L'Evangile vous condamne ;
Vous blessez en caressant.
　　Sous votre empire,
Mon Dieu, sont les vrais trésors ;
Vos douceurs sont sans remords,
C'est pour elles que je soupire.
　　Foi de nos pères, etc.
10. Loin de ces tentes coupables,
Où s'agite le pécheur,
Sous vos pavillons aimables
J'irai jouir du bonheur ;
　　Avant l'aurore
Mon cœur vous appellera,
Et quand le jour finira,
Mes chants vous béniront encore.
　　Foi de nos pères, etc.

Même Sujet. (N° 76.)

1. J'engageai ma promesse au baptême ;
Mais pour moi d'autres firent serment :
Dans ce jour je vais parler moi-même,
Je m'engage aujourd'hui librement,
Je m'engage, je m'engage aujourd'hui librement.
Je m'engage, je m'engage aujourd'hui librement.

2. Je crois en un Dieu trois personnes :
   De mon sang je signerais ma foi.
   Faible esprit, vainement tu raisonnes,
   Je m'engage à le croire, et je crois.
       Je m'engage, etc.

3. A la foi de ce premier mystère,
   Je joindrai la foi d'un Dieu Sauveur ;
   Sous les lois de l'Eglise ma mère,
   Je m'engage et d'esprit et de cœur.
       Je m'engage, etc.

4. Sur les fonts, dans cette eau salutaire,
   Pour enfant Dieu daigna m'adopter ;
   Si j'en ai souillé le caractère,
   Je m'engage à le mieux respecter.
       Je m'engage, etc.

5. Je renonce aux pompes de ce monde,
   A la chair, à tous ses vains attraits :
   Loin de moi, Satan, esprit immonde !
   Je m'engage à te fuir pour jamais.
       Je m'engage, etc.

6. Faux plaisirs, source infâme de vices,
   Trop longtemps vous fûtes mon amour ;
   Je renonce à vos fausses délices,
   Je m'engage à Dieu seul sans retour.
       Je m'engage, etc.

7. Oui, mon Dieu, votre seul Evangile
   Règlera mon esprit et mes mœurs :
   Dussiez-vous en frémir, chair fragile,
   Je m'engage à toutes ses rigueurs.
       Je m'engage, etc.

8. Ah ! Seigneur, qui sait bien vous connaître
   Sent bientôt que votre joug est doux ;
   C'en est fait, je n'ai point d'autre maître,
   Je m'engage à ne servir que vous.
       Je m'engage, etc.

9. Sur vos pas, ô mon divin modèle !
   Plus heureux qu'à la suite des rois,
   Plein d'horreur pour ce monde infidèle,
   Je m'engage à porter votre Croix. Je m'engage, etc

10. Si le Ciel d'un moment de souffrance
     Doit, Seigneur, être le prix un jour,
     Animé par cette récompense,
     Je m'engage à tout pour votre amour.
       Je m'engage, etc.
11. C'est, mon Dieu, dans vous seul que j'aspire
     A fixer mes plaisirs et mes goûts.
     Pour le Ciel c'est peu que je soupire :
     Je m'engage à soupirer pour vous.
       Je m'engage, etc.
12. Puisque enfin dans le Ciel, ma patrie,
     De mes biens vous serez le plus doux,
     Dès ce jour et pour toute ma vie,
     Je m'engage et je suis tout à vous.
       Je m'engage, etc.

Le Chrétien renonçant au monde pour Dieu.
(Nº 82.)

1. Dieu d'amour, un monde trompeur
     M'avait séduit dès mon enfance ;
     Il avait corrompu mon cœur,
     Il m'avait ravi l'innocence.
         Monde imposteur,
         De mon malheur
         Tu fus l'auteur,
       A Dieu je fus rebelle ;
         Mais dès ce jour,
         Et sans retour,
         Au Dieu d'amour
       Je veux être fidèle.   bis.
2. Loin de la route de la croix,
     Notre part et notre héritage,
     Le monde, sous ses dures lois,
     Me retenait dans l'esclavage.
         Monde, etc.
3. Je renonce à tes vains attraits,
     Monde trompeur, monde volage ;
     A mon Dieu je suis désormais :
     Je l'ai choisi pour mon partage.
         Monde, etc.

4. Loin de moi tes charmes trompeurs,
   C'est à Dieu seul que je veux être;
   A tes plaisirs, à tes honneurs
   Je préfère mon divin maître.
       Monde, etc.

5. J'abjure ton frêle bonheur
   Et tout l'éclat qui t'environne :
   Jésus est le roi de mon cœur,
   A son amour je m'abandonne.
       Monde, etc.

6. Fuis loin de moi, monstre odieux,
   Péché, fruit d'un fatal délire;
   Hélas ! je fus trop malheureux
   D'avoir vécu sous ton empire.
       Monde, etc.

7. Pardonnez, ô mon Rédempteur !
   Ma trop coupable indifférence;
   Hélas ! je fus longtemps pécheur,
   Mais j'implore votre clémence.
       Monde, etc.

8. Par votre amour, ô mon Sauveur !
   Rendez l'innocence à mon âme;
   Accordez-moi cette faveur,
   Par votre sang je la réclame.
       Monde, etc.

9. Daignez, par votre Passion,
   Rompre mes chaînes criminelles,
   Et de la céleste Sion
   M'ouvrir les portes éternelles.
       Monde, etc.

Même sujet. (N° 139.)

1. Je viens, mon Dieu, ratifier moi-même
   Ce que pour moi l'on promit autrefois;
   Les vœux sacrés pour moi faits au baptême,
   Je veux les faire aujourd'hui de mon choix.
   Je te renonce, ô prince tyrannique !
   Cruel Satan, injuste usurpateur;
   Je te déteste, et mon désir unique
   Est d'obéir aux lois du Créateur.

2. Je te renonce, ô péché détestable !
Poison mortel, malgré tous tes attraits ;
Oui, pour te rendre à mon cœur haïssable,
Il me suffit qu'à mon Dieu tu déplais.
Je te renonce, ô prince, etc.

3. Plutôt mourir, monde impur, que de vivre
Selon tes lois et tes perverses mœurs :
Ce que toujours mon ame prétent suivre,
C'est l'Evangile et ses saintes rigueurs.
Je te rénonce, ô prince, etc.

4. De tout mon cœur, mon Dieu, je renouvelle
Ces vœux sacrés ; je les fais pour toujours,
Et je prétends être toujours fidèle
A les garder, avec votre secours.
Je te renonce, ô prince, etc.

5. Vous m'avez mis au rang inestimable
De vos enfants, ô Père tout puissant !
Je veux pour vous, ô Père tout aimable !
Avoir la crainte et l'amour d'un enfant.
Je te renonce, ô prince, etc.

6. Divin Jésus, je promets de vous suivre ;
D'être à vous seul je me fais une loi ;
Non, ce n'est plus pour moi que je veux vivre :
Comme mon chef, vous seul vivrez en moi.
Je te renonce, ô prince, etc.

7. Esprit divin, remplissez-moi sans cesse ;
Animez-moi, Dieu sanctificateur ;
Et qu'à jamais fidèle à ma promesse,
Je vous conserve au milieu de mon cœur.
Je te renonce, ô prince, etc.

Le Pécheur détrompé des erreurs du monde.
(No 106.)

1. Un fantôme brillant séduisit ma jeunesse,
Sous le nom du plaisir il égara mes pas ;
Insensé que j'étais ! je n'apercevais pas
L'abîme que des fleurs cachaient à ma faiblesse.
Mais, enfin revenu de mes égarements,
Remettant mon salut à ta bonté chérie,

O mon Dieu ! mon soutien ! après mille tourments.
Quand je reviens à toi (*bis*), je reviens à la vie (*ter.*).

2. Le flambeau si vanté de la philosophie,
Ces lumières du jour dont j'admirais les feux
M'ont conduit sur le bord du précipice affreux
Où me poussait sans cesse une force ennemie.
Mais, enfin, etc.

3. Plaisirs où j'avais cru ne trouver que des charmes,
Ivresse de mes sens, trompeuse volupté,
Hélas ! en vous cherchant, que vous m'avez coûté
De craintes, de douleurs, de regrets et de larmes !
Mais, enfin, etc.

4. L'amitié, cet appui qui reposait mon âme,
Cet asile si doux où j'avais sommeillé,
Comme un songe menteur, quand je fus éveillé,
M'offrit la trahison au reflet de sa flamme.
Mais, enfin, etc.

5. Vous qui de vos vertus souteniez mon enfance,
O mon père ! ô ma mère ! à combien de douleurs
Ma jeunesse rebelle a dû livrer vos cœurs,
Et troubler vos tombeaux dans leur pieux silence !
Mais, enfin, etc.

6. Pardonnez, pardonnez à votre enfant coupable,
Hélas ! cent fois puni d'oublier vos leçons ;
Même au sein des plaisirs, par des remords profonds,
Il expiait déjà son crime impardonnable.
Mais, enfin, etc.

7. Oui, mon Dieu, c'en est fait : touché de ta clémence,
Je quitte pour jamais le monde et ses appas.
Nouvel enfant prodigue, appelé dans tes bras,
Je retrouve à la fois mon père et l'innocence.
Car, enfin, etc.

8. Sainte paix, calme heureux où mon ame repose,
Plaisir délicieux dont s'enivre mon cœur,
Oh ! ne me quittez plus, donnez-moi le bonheur
Qu'en vain depuis longtemps le monde me propo
Car, enfin, etc.

Sur le respect Humain. (N° 88.)

Tyran des enfers,
Nous brisons tes fers,
Pour nous plus d'esclavage !
Unissons nos voix,
Rendons à la croix
Un sincère et public hommage.

1. Jurons haine au respect humain,
   Brisons cette idole fragile ;
   Sur ses débris que notre main
   Elève un trône à l'Evangile.
       Tyran, etc.

2. Chrétiens, d'une vaine terreur
   Serons-nous toujours la victime ?
   Qu'il soit banni de notre cœur
   Le cruel tyran qui l'opprime.
       Tyran, etc.

3. Sous le joug d'un monde censeur
   Nous gémissons dès notre enfance ;
   Recouvrons, vengeons notre honneur,
   Proclamons notre indépendance.
       Tyran, etc.

4. Partout flottent les étendards
   Qu'arbore à nos yeux la licence ;
   Faisons briller à ses regards
   La bannière de l'innocence.
       Tyran, etc.

5. Tout Chrétien doit être un soldat
   Rempli d'ardeur, né pour la gloire ;
   Quand son chef le mène au combat,
   Tremblant il fuirait la victoire !
       Tyran, etc.

6. Tandis que, sur le champ d'honneur,
   La valeur signale les braves,
   On me verrait lâche et sans cœur
   Traînant les chaînes des esclaves !
       Tyran, etc.

7. Seigneur, ton camp sera le mien.
 Tant qu'il coulera dans mes veines
 Quelques gouttes de sang chrétien,
 Monde, tes menaces sont vaines.
   Tyran, etc.

8. Divin Roi, jusqu'à mon trépas
 Mon cœur te restera fidèle ;
 Puisse la croix, guidant mes pas,
 Me voir tomber, mourir près d'elle.
   Tyran, etc.

9. Chrétiens, le signal est donné,
 Hâtons-nous, courons à la gloire ;
 L'heure du triomphe a sonné,
 Le ciel nous promet la victoire.
   Tyran, etc.

Même Sujet. (N° 87.)

1. Quelle nouvelle te sainte ardeur
 En ce jour transporte mon ame ?
 Je sens que l'esprit créateur
 De son feu tout divin m'enflamme.
 Vive Jésus ! je crois, je suis chrétien ;
   Censeurs, je vous méprise :
 Lancez, lancez vos traits, je ne crains rien,
   Mon bras vainqueur les brise.

2. Il faut, dans un noble combat,
 Pour vous, Seigneur, que je m'engage :
 Vous m'avez fait votre soldat,
 Vous m'en donnerez le courage.
   Vive Jésus ! etc.

3. Du salut le signe sacré
 Arme mon front pour ma défense ;
 Devant lui l'enfer conjuré
 Perdra sa funeste puissance.
   Vive Jésus ! etc.

4. Le mépris d'un monde insensé
 Pourrait-il m'alarmer encore !
 Loin de m'en trouver offensé,

Je sens aujourd'hui qu'il m'honore.
　　　Vive Jésus ! etc.

5. Dans sa fureur l'impiété
Veut me ravir le Dieu que j'aime ;
Je veux, fort de la vérité,
Lui dire toujours anathème.
　　　Vive Jésus ! etc.

6. On a vu de faibles agneaux
Triompher de l'aveugle rage
Et des tyrans et des bourreaux :
Faible comme eux, Dieu m'encourage.
　　　Vive Jésus ! etc.

7. Enfant des généreux martyrs,
Puissé-je égaler leur constance,
Et trouver mes plus doux plaisirs
Au sein même de la souffrance !
　　　Vive Jésus ! etc.

8. A la mort fallût-il s'offrir,
Ou perdre, hélas ! mon innocence !
Grand Dieu ! je consens à mourir ;
Ne souffrez pas que je balance.
　　　Vive Jésus ! etc.

9. Seigneur, à vos aimables lois
Le grand nombre serait rebelle,
Que mon cœur, constant dans son choix,
Y serait encore plus fidèle.
　　　Vive Jésus ! etc.

10. Etre à vous, c'est là notre honneur,
Divin conquérant de nos âmes !
Vous servir est notre bonheur,
O céleste objet de nos flammes !
　　　Vive Jésus ! etc.

11. Chrétiens, ranimons notre ardeur ;
Contemplons la palme immortelle ;
Le Ciel la promet au vainqueur,
Combattons et mourons pour elle.
　　　Vive Jésus ! etc.

Tout doit louer Dieu. (No 89.)

1. Ouvrages du Seigneur,
 Célébrez sa grandeur,
Annoncez sa puissance et sa gloire ;
 Ouvrages du Seigneur,
 Célébrez sa grandeur,
Rendez gloire à votre Créateur :
 Vos beautés, vos attraits,
 De ses divins bienfaits
 Rappellent la mémoire ;
 Vos beautés, vos attraits,
 De ses divins bienfaits
 Nous offre mille traits.

2. Quel éclat radieux
 Dans la voûte des cieux !
Qu'on y voit de beautés ineffables !
 Quel éclat radieux
 Dans la voûte des cieux !
Que d'objets y ravissent nos yeux !
 Astres du firmament,
 Louez incessamment
 Ses grandeurs adorables ;
 Astres du firmament,
 Louez incessamment
 Un Maître si puissant.

3. Soleil, brillant flambeau,
 Des astres le plus beau,
Tu lui dois ta vertu si féconde ;
 Soleil, brillant flambeau,
 Des astres le plus beau,
Fais entendre un cantique nouveau.
 Quand tu finis le jour,
 Que la lune, à son tour,
 T'imite et te seconde ;
 Quand tu finis le jour,
 Que la lune, à son tour,
 Lui fasse aussi la cour.

4. Que la terre, les airs,
   Que les fleuves, les mers,
De son nom tout-puissant retentissent.
   Que la terre, les airs,
   Que les fleuves, les mers,
De sa gloire instruisent l'univers.
Que les tendres oiseaux,
Par les chants les plus beaux,
De concert le bénissent ;
   Que les tendres oiseaux,
   Par les chants les plus beaux,
   L'apprennent aux échos.
 5. Que l'aimable printemps,
   Que l'été dans son temps,
Viennent rendre au Très-Haut leurs hommages.
   Que l'aimable printemps,
   Que l'été dans son temps,
A l'envi le chantent tous les ans.
   Que l'automne et son fruit,
   Que l'hiver qui le suit,
   Tiennent même langage,
   Que l'automne et son fruit,
   Que l'hiver qui le suit,
   L'honorent jour et nuit.
 6. Venez tous, ô mortels !
   Au pied des saints autels,
Adorer ce Monarque suprême.
   Venez tous, ô mortels !
   Au pied des saints autels,
L'honorer par des vœux solennels.
   Il vous fait chaque jour
   Eprouver son amour ;
   Aimez-le comme il aime.
   Il vous fait chaque jour
   Eprouver son amour :
   Aimez-le à votre tour.
 7. Anges, répétez-nous
   Ces cantiques si doux,
Que vos voix font entendre sans cesse.
   Anges, répétez-nous

Ces cantiques si doux ;
Nous voulons louer Dieu comme vous,
Qu'à jamais notre cœur
Seconde la douceur
Du zèle qui nous presse.
Qu'à jamais notre cœur
Seconde la douceur
D'une si sainte ardeur.

Cantique pour la fête de St. Joseph. (N₀ 15.)

1. Grand Saint, dont la douce mémoire,
Nous rassemble au pied des autels,
Aujourd'hui, du sein de la gloire,
Jette un regard sur de faibles mortels !
   Chaste époux de l'humble Marie, *bis.*
   Vers Dieu protége mon retour :
   Par toi, qu'au terme de la vie,
   J'arrive enfin au céleste séjour. *bis.*
2. L'éclat d'une illustre origine
   N'enivre pas ton noble cœur ;
   Plein de la majesté divine,
Tu n'as rien vu de grand que ton Dieu, ton Sauveur.
   Chaste époux, etc.
3. Comme artisan dans ta patrie,
   Souffrant tous les maux à la fois,
   Tu travaillas toute ta vie
Quoiqu'au sein d'Israël, issu du sang des rois.
   Chaste époux, etc.
4. Enfin, pénétrant le mystère
   Qui nous donne le Rédempteur,
   De la Vierge, sa tendre mère,
Tu deviens le soutien et le consolateur.
   Chaste époux, etc.
5. Dès que Jésus eût pris naissance,
   Il fut déposé dans tes bras,
   Ta main, l'appui de son enfance,
De ses pieds chancelants soutint les premiers pas.
   Chaste époux, etc.

6. Combien fut grande ta souffrance,
   Lorsque le glaive du bourreau,
   A la mort livrant l'innocence,
Dans le sang et les pleurs fit nager son berceau.
       Chaste époux, etc.
   7. Guidant et Jésus et sa Mère,
   Tu fuis un roi dénaturé;
   Enfin une plage étrangère
T'offre un puissant abri pour ce dépôt sacré.
       Chaste époux, etc.
   8. Après des jours si pleins d'alarmes,
   Ton fils a couronné tes vœux :
   Du vrai repos goûtant les charmes,
Avec le Roi des rois tu règnes dans les cieux.
       Chaste époux, etc.
   9. Rangé sous ta noble bannière,
   J'implore aujourd'hui ta faveur :
   Joseph, à ta seule prière,
Toujours Dieu s'attendrit et fit grâce au pécheur.
       Chaste époux, etc.

Triomphe de l'Eglise.

Paraphrase du Psaume : *Quare fremuerunt gentes.*
(N⁰ˢ 90 et 141.)

1. Pourquoi ces vains complots, ô princes de la terre ?
       Pourquoi tant d'armements divers ?
Vous vous réunissez pour déclarer la guerre
       A l'arbitre de l'univers.
       Tremblez, ennemis de sa gloire ;
       Tremblez, audacieux mortels ;
       Il tient en ses mains la victoire :
       Tombez au pied de ses autels.
       La Religion nous appelle,
       Parmi nous faisons-la fleurir :
       Un Chrétien doit vivre pour elle,   } bis.
       Pour elle un Chrétien doit mourir.
       La Religion nous appelle,
       Parmi nous faisons-la fleurir ;

Un Chrétien doit vivre pour elle, ⎱ *bis.*
Pour elle un Chrétien doit mourir. ⎰

2. Depuis quatre mille ans, plongé dans les ténèbres,
Assis à l'ombre de la mort,
L'univers gémissant sous ses voiles funèbres,
Soupirait pour un meilleur sort.
Jésus paraît : à sa lumière,
La nuit disparaît sans retour,
Comme on voit une ombre légère
S'enfuir devant l'astre du jour.
La Religion, etc.

3. Pour soumettre à ses lois tous les peuples du monde,
Il ne veut que douze pêcheurs,
Et pour éterniser le royaume qu'il fonde,
Il en fait ses Ambassadeurs.
Nouveaux guerriers, prenez la foudre,
Allez conquérir l'univers ;
Frappez, brisez, mettez en poudre
L'idole d'un monde pervers.
La Religion, etc.

4. Déjà de ces héros, du couchant à l'aurore,
La voix, plus prompte que l'éclair,
A foudroyé ces dieux que l'univers honore
D'un culte enfanté par l'enfer.
Ouvrant les yeux à la lumière,
Rome détrompe les mortels
Et foule aux pieds dans la poussière
Ses dieux, ses temples, ses autels.
La Religion, etc.

5. En vain, ô fiers tyrans ! votre main meurtrière
Fait couler leur sang à grands flots,
Ce sang devient fécond : de leur noble poussière
S'élève un essaim de héros ;
Et courbant eux-mêmes leurs têtes,
Seigneur, sous le joug de tes lois,
Après trois siècles de tempêtes,
Les princes arborent la Croix.
La Religion, etc.

6. O reine des cités ! toi dont la destinée
Est de régner sur l'univers,

De ce joug si nouveau si tu fus étonnée,
   Tu t'enorgueillis de tes fers;
   La Religion triomphante,
   Sur le trône de tes Césars,
   Veut que les peuples qu'elle enfante
   Combattent sous tes étendards.
     • La Religion, etc.

7. Que vois-je ! ô Dieu ! partout le chisme et l'hérésie
   Déchirent son sein maternel.
Laisseras-tu périr, sous les coups de l'impie,
   L'objet de ton soin paternel ?
   Non, toujours battu de l'orage
   Ce vaisseau vogue en sûreté;
   Jamais il ne fera naufrage,
   Tu l'as dit, Dieu de vérité.
     La Religion, etc.

8. Sainte Religion, l'amour et les délices
   De nos pères, de nos aïeux,
Puissent toujours marcher sous tes divins auspices,
   Et leurs enfants, et leurs neveux !
   Si jamais, de leur cœur bannie,
   Tu t'exilais loin des Français,
   Que ma trop ingrate patrie
   Se souvienne de tes bienfaits.   La Religion, etc.

9. Ce grand arbre ébranlé jusque dans sa racine,
   Voyait mille ennemis rivaux
Hâter, par leurs efforts, l'instant de sa ruine,
   Pour se disputer ses rameaux.
   Dieu parle... la Foi renaissante,
   En foudroyant l'impiété,
   Rend à l'Eglise triomphante
   La paix et la prospérité.   La Religion, etc.

10. Eglise de Jésus, doux charme de ma vie
   Et mon espoir dès le berceau,
Sainte Religion, si jamais je t'oublie,
   Si tu ne me suis au tombeau,
   Qu'à jamais ma langue glacée,
   Ne prête aucuns sons à ma voix,
   Et que ma droite desséchée
   Me punisse et venge tes droits.
     La Religion, etc.

Les Chrétiens s'invitant les uns les autres à remercier Dieu. (*No* 91.)

1. Célébrons ce grand jour par des chants d'allégresse,
   Nos vœux sont enfin satisfaits ;
Bénissons le Seigneur, publions sa tendresse,
   Chantons, exaltons ses bienfaits.
   Pour nous, tout pécheurs que nous sommes,
   Il descend des cieux en ce jour;
   C'est parmi les enfants des hommes
   Qu'il aime à fixer son séjour ;
   Chantons sous cette voûte antique
   Le Dieu qui règne dans nos cœurs.
   Célébrons par un saint cantique
   Et son amour et ses faveurs.

2. Réunissons nos voix, que cette auguste enceinte
   Retentisse de nos concerts :
Ces lieux sont tous remplis de la Majesté sainte
   Du Dieu puissant de l'univers.
   Bon Père, à des enfants qu'il aime
   (Cieux ! admirez tant de bonté,)
   Il donne, en se donnant lui-même,
   Le pain de l'immortalité.
      Chantons, etc.

3. En ce jour solennel, nourris du pain des Anges,
   Bénissons-le, fervents chrétiens ;
Chantons-le tour à tour, répétons les louanges
   Du Dieu qui nous comble de biens.
   Bon Pasteur, aux meilleurs herbages
   Il conduit ses jeunes agneaux ;
   Il les mène aux plus frais ombrages ,
   Il les mène aux plus claires eaux.
      Chantons, etc.

4. Ta parole, Seigneur, plus douce à mon oreille,
   Que l'instrument le plus flatteur,
Ta parole est pour moi ce qu'à la douce abeille
   Est la suave et tendre fleur.
   Trois fois heureuse la famille

Fidèle aux lois que tu prescris,
Où la mère en instruit sa fille,
Où le père en instruit son fils.
Chantons, etc.

5. Loin des traits du chasseur la colombe timide
Cherche le repos des déserts;
J'ai cherché le repos dans le temple où réside
Le Dieu bienfaisant que je sers.
Sous les tentes des grands du monde,
Courez, peuple aveugle et pécheur;
Moi j'ai choisi la paix profonde
Des tabernacles du Seigneur.
Chantons, etc.

6. Dieu, que je crains ce monde, où les plaisirs, les vices,
De toutes parts vont m'assiéger,
O toi, qui de mon cœur as reçu les prémices,
Veille sur moi dans le danger;
De tes saints préceptes d'avance
Munis-le comme d'un rempart;
Entoure mon adolescence
De la sagesse du vieillard.
Chantons, etc.

7. Loin de moi ces faux biens que les mondains chérissent,
Et dont l'éclat est si trompeur!
Périssables humains, sur des biens qui périssent,
Comment fonder notre bonheur?
Il se dérobe à la poursuite;
Et dès qu'on a cru le saisir,
Le temps l'emporte dans sa fuite,
Et nous laisse le repentir.
Chantons, etc.

8. La course des méchants, plus fugitive encore,
Les précipite vers leur fin;
Je les vois redoutés à la première aurore,
Et je les cherche à mon matin.
Tel que dans les champs qu'il inonde,
S'engloutit un torrent fougueux;
Un moment ils troublent le monde,
Et leurs noms meurent avec eux.
Chantons, etc.

Engagements d'être à Dieu pour toujours.
(N° 92.)

1. Mon cœur, en ce jour solennel,
   Il faut enfin choisir un maître,
   Balancer serait criminel,
   Quand Dieu seul est digne de l'être.
   C'en est donc fait, ô Dieu Sauveur ! } bis.
   A vous seul je donne mon cœur.
2. A quoi doit-il appartenir,
   Ce cœur qui vous doit l'existence,
   Que vous avez daigné nourrir
   De votre immortelle substance ?   C'en est, etc.
3. A chercher la félicité,
   Hélas, en vain je me consume;
   Loin de vous tout est vanité,
   Déplaisir, tristesse, amertume.   C'en est, etc.
4. Vous seul pouvez me rendre heureux ;
   Je le sens, oui, votre présence
   A pleinement comblé mes vœux,
   Et fixé ma longue inconstance.   C'en est, etc.
5. Que sont tous les biens d'ici-bas ?
   Qu'ils ont peu de valeur réelle !
   Tout ensemble ils ne peuvent pas
   Satisfaire une ame immortelle.   C'en est, etc.
6. Que puis-je désirer de plus !
   Je possède mon Dieu lui-même ;
   Ah ! tous les biens sont superflus,
   Quand on jouit du bien suprême.   C'en est, etc.
7. En vain trop séduisants plaisirs,
   Vous faites briller tous vos charmes;
   Vous trompez toujours nos désirs,
   Et vous finissez par des larmes.   C'en est, etc.
8. Dans votre festin précieux,
   Quelle innocente et douce ivresse !
   O quels plaisirs délicieux
   Me fait goûter votre tendresse.   C'en est, etc.
9. Le monde prétend à tout prix

Qu'à suivre ses lois je m'engage :
Tu n'obtiendras que mon mépris,
Monde aussi trompeur que volage,   C'en est, etc.

10. Vous m'avez dit avec douceur :
Mon enfant, prends mon joug aimable ;
Quand on le porte avec ardeur,
Il est léger, doux, agréable.   C'en est, etc.

11. Qu'ils sont étonnants vos bienfaits !
Leur grandeur fait mon impuissance ;
Et comment pourrai-je jamais
Acquitter ma reconnaissance ?   C'en est, etc.

12. Vous voulez bien me demander
De mon cœur la chétive offrande ;
Hésiterai-je d'accorder
Ce que le Tout-Puissant demande ?   C'en est, etc.

13. Oui, ce cœur vous est consacré ;
Je veux que toujours il vous aime :
J'en atteste le don sacré
Qu'il tient de votre amour extrême. C'en est, etc.

Triomphe de la Croix. (*N^os* 93 *et* 147.)

1. Vive Jésus, vive sa croix ;
N'est-il pas bien juste qu'on l'aime,
Puisqu'en expirant sur ce bois
Il nous aima plus que lui-même ?
Chrétiens, chantons à haute voix :
Vive Jésus, vive sa croix ;   *bis.*

2. Vive Jésus, vive sa croix,
Le Sauveur l'ayant épousée,
Elle n'est plus comme autrefois
Un objet d'horreur, de risée.   Chrétiens, etc.

3. Vive Jésus, vive sa croix ;
Arbre dont le fruit salutaire
Répare le mal qu'autrefois
Fit le péché du premier père.   Chrétiens, etc.

4. Vive Jésus, vive sa croix ;
C'est l'étendard de sa victoire ;

Par elle il nous donna ses lois ,
Par elle il entra dans sa gloire. Chrétiens, etc.
5. Vive Jésus, vive sa croix,
De tous nos biens source féconde,
Qui, dans le sang du Roi des rois,
A lavé les péchés du monde. Chrétiens , etc.
6. Vive Jésus, vive sa croix,
La chaire de son éloquence,
Où, me préchant ce que je crois,
Il m'apprend tout par son silence. Chrétiens, etc.
7. Vive Jésus, vive sa croix;
Ce n'est pas le bois que j'adore;
Mais c'est mon Sauveur sur ce bois
Que je révère et que j'implore. Chrétiens, etc.
8. Vive Jésus, vive sa croix;
Prenons-la pour notre partage;
Ce juste, cet aimable choix
Conduit au céleste héritage. Chrétiens, etc.

Cantique à la sainte Croix. (N° 94.)

1. Croix auguste, croix consacrée
   Par les soupirs de Jésus-Christ!
   C'est vous qui fûtes enivrée
   Du sang que ce Dieu répandit :
   Vous vîtes la douleur amère
   Que par amour il endura ;
   Il vous rendit dépositaire
   Des derniers mots qu'il proféra. *bis.*
2. Vous êtes cette chair auguste
   Où va s'instruire le pécheur,
   Ce lit de noces où le juste
   Est enfanté pour le Seigneur :
   Vous êtes son char de victoire,
   L'autel où ce Dieu meurt pour nous,
   Le tribunal où, dans sa gloire,
   Il doit un jour nous juger tous. *bis.*

3. Quels gages voyons-nous éclore
   Du rachat de tout l'univers?
   De son sang la croix fume encore,
   Et déjà sont brisés nos fers.
   Vivez, mortels, dans l'espérance:
   Ce sang est un gage certain,
   Un monument, une assurance
   Du bonheur de votre destin. *bis.*

4. Vous donc qui seule aux enfants d'Eve
   Découvrez le chemin du Ciel,
   Croix, par qui le Sauveur s'élève
   Jusques au sein de l'Eternel,
   Vous êtes la route divine
   Où l'on doit conduire ses pas;
   Le chef est couronné d'épine,
   Est-ce à nous d'être délicats? *bis.*

5. Heureux celui qui se repose
   Toujours à l'ombre de la croix!
   Si d'une main Dieu nous l'impose,
   De l'autre il en soutient le poids:
   Elle devient notre ressource,
   Elle nous tend les bras à tous;
   C'est de cette abondante source
   Que tous ses dons coulent sur nous. *bis.*

Pour le jour de la Plantation de la sainte Croix.
(N° 95.)

1. Célébrons la victoire
   D'un Dieu mort sur la croix;
   Et pour chanter sa gloire,
   Réunissons nos voix.
   De son amour extrême
   Cédons aux traits vainqueurs;
   Pour le Dieu qui nous aime,
   Réunissons nos cœurs.

Du vainqueur de l'enfer célébrons la victoire;
Réunissons nos cœurs, réunissons nos voix:
Chantons avec transport son triomphe et sa gloire,
Chantons vive Jésus! chantons vive sa croix! *bis.*

2. Sa croix, heureux symbole
De son amour pour nous,
Jadis du Capitole
Chassa les dieux jaloux :
Alors dans l'esclavage,
L'homme à d'infâmes dieux
Payait par son hommage
Le droit d'être comme eux.
    Du vainqueur, etc.

3. Grand Dieu, seul adorable,
Seul digne de nos chants,
Seul de l'homme coupable
Vous n'avez point d'encens ;
Mais que votre tonnerre
Fasse entendre sa voix,
Et force enfin la terre
A respecter vos lois.
    Du vainqueur, etc.

4. Mais son cœur qui s'oppose
A ses foudres vengeurs,
Par l'amour se propose
De conquérir les cœurs.
Pour expier nos crimes,
Notre sang est trop peu ;
Il faut d'autres victimes
Pour désarmer un Dieu.
    Du vainqueur, etc.

5. Son fils, Verbe adorable,
Doit tomber sous ses coups ;
Son sang seul est capable
De calmer son courroux :
Pour ma grâce il soupire ;
Il l'exige en mourant,
Sur la croix il expire,
Et l'univers se rend.
    Du vainqueur, etc.

6. Tel qu'après les orages,
Le soleil radieux
Dissipe les nuages,
Rend leur éclat aux cieux :
Tel le Dieu que j'adore,

Trop longtemps ignoré,
Du couchant à l'aurore
Voit son nom adoré.
    Du vainqueur, etc.

7. La croix, heureux asile
De l'univers soumis,
Brave l'orgueil stérile
De ses fiers ennemis ;
On s'empresse à lui rendre
Des hommages parfaits ;
Sa gloire va s'étendre
Autant que ses bienfaits.
    Du vainqueur, etc.

8. Quel éclat l'environne !
Elle voit à ses pieds
Le sceptre et la couronne
Des rois humiliés.
Rome cherche à lui plaire ;
Tout suit ses étendards,
Et le Dieu du Calvaire
Est le Dieu des Césars.
    Du vainqueur, etc.

9. Ce Dieu seul est aimable,
Cédons à ses attraits ;
D'un amour immuable
Payons tous ses bienfaits ;
Portons-lui nos offrandes,
Et parons son autel
De fleurs et de guirlandes
Dignes de l'Immortel.
    Du vainqueur, etc.

10. Que le ciel applaudisse
Aux chants de son amour,
Et que l'enfer frémisse
Du bonheur de ce jour !
Chantons tous la victoire
Du maître des vainqueurs ;
Consacrons à sa gloire
Et nos voix et nos cœurs.
    Du vainqueur, etc.

Même sujet. (*N*° 141.)

1. Le Seigneur a régné : monument de sa gloire,
   La croix triomphe en ce grand jour :
Peuples, applaudissez ; que les chants de victoire
   Se mêlent aux concerts d'amour :
   Le Dieu de majesté s'avance ;
   Il vient habiter parmi nous :
   Pécheurs, fuyez de sa présence ;
   Justes, tombez à ses genoux.
Refr. Lève-toi, signe salutaire,
   Bois auguste, bois protecteur :
   Lève-toi, brille sur la terre,
   Astre de paix et de bonheur.
2. Aplanissez la voie à celui que les Anges
   Transportent des hauteurs des cieux :
Le Seigneur est son nom ; rendez mille louanges
   A ce nom saint et glorieux.
   Pour le méchant, juge sévère,
   Mais, pour le juste, Dieu sauveur :
   En lui l'orphelin trouve un père,
   Et la veuve un consolateur.   Lève-toi, etc.
3. Telle du roi pasteur la lyre, pénétrée
   Du feu de l'inspiration,
Célébrait le transport de l'Arche révérée
   Sur la montagne de Sion.
   Le ciel répandit sa rosée
   Aux lieux choisis pour son séjour,
   Et la terre fertilisée
   Tressaillit de crainte et d'amour. Lève-toi, etc.
4. L'élite des tribus, les époux et les mères,
   L'enfant à côté du vieillard,
Les prêtres, les guerriers, heureux peuple de frères,
   Du Dieu vivant suivaient le char.
   Pleines de joie, à son passage,
   Les vierges, conduites en chœurs,
   Lui présentaient le double hommage
   Et de leur vie et de leurs cœurs.   Lève-toi, etc.
5. Plus heureux qu'Israël, de sa reconnaissance

Imitons les transports joyeux :
Israël ne vivait que de son espérance ,
De ses soupirs et de ses vœux.
Sorti de cette nuit profonde,
A nos yeux il est élevé ,
Le Dieu puissant qui fit le monde,
Par qui le monde fut sauvé.   Lève-toi, etc.

6. Dieu se lève : par lui sur la sainte montagne
La terre et les cieux vont s'unir ;
Avec ce doux regard que la grâce accompagne ,
Il tend les bras pour nous bénir.
Si jamais nous sommes parjures ,
Nous viendrons pleurer à ses pieds ,
Et retremper dans ses blessures
Nos cœurs contrits , humiliés.   Lève-toi , etc.

Résignation dans les souffrances.
(Nᵒˢ 9 , 10 , 11 et 32.)

1. Voilà donc mon partage,
La souffrance ou la mort !
Dieu l'ordonne , il est sage :
Je dois bénir mon sort.
Au printemps de ma vie
J'ai cueilli quelques fleurs ;
Pour punir ma folie
Dieu me condamne aux pleurs.

2. En vain , monde frivole ,
Tu veux les adoucir ;
Lorsqu'un Dieu me console,
Ah ! laisse-moi souffrir.
Tes biens , tes espérances,
Tes plaisirs ne sont rien ;
Et j'ai dans les souffrances
La source de tout bien.

3. Si le Dieu des vengeances
Appesantit ses coups ,
Mes maux et mes souffrances
Calmeront son courroux ;
S'il est juge , il est père ;
Il entendra ma voix,

Et le Dieu du Calvaire
Sait adoucir les croix.

4. Il connaît mes alarmes,
Il compte mes soupirs ;
Il veut payer mes larmes
Par d'éternels plaisirs :
Doux espoir qui m'anime
Et soulage mon cœur,
Si je suis sa victime,
Il sera mon bonheur.

5. Pour un Dieu, quand on l'aime,
Souffrir est un bienfait,
Et la souffrance même
Est un plaisir parfait.
Ah! qu'on trouve de charmes
A pleurer chaque jour,
Quand on répand des larmes
Pour un Dieu plein d'amour !

6. Vous qui de ce bon père
Eprouvez le courroux,
Montez sur le Calvaire,
Voyez... et plaignez-vous.
Si Jésus, sans se plaindre,
Est mort dans les douleurs,
Un pécheur doit-il craindre
De verser quelques pleurs ?

7. C'en est fait, je t'embrasse,
O croix ! source d'amour ;
Grand Dieu fais par ta grâce
Que je l'aime toujours ;
Un pécheur, pour te plaire,
Ne doit plus que souffrir,
Et pour te satisfaire,
Ou souffrir, ou mourir.

Actions de Grâces. (No 96.)

1. Bénissons à jamais
Le Seigneur dans ses bienfaits,
Bénissons à jamais
Le Seigneur dans ses bienfaits.

Bénissez-le, saints Anges.
Louez sa majesté,
Rendez à sa bonté
Mille et mille louanges.   Bénissons, etc.

2. C'est un bien tendre père,
Plein de bonté pour nous ;
Il nous supporte tous
Malgré notre misère.   Bénissons, etc.

3. Comme un pasteur fidèle,
Sans craindre le travail,
Il ramène au bercail
Une brebis rebelle.   Bénissons, etc.

4. Il a brisé ma chaîne ;
Il est mon protecteur ;
Et comme un doux Sauveur,
Il soulage ma peine.   Bénissons, etc.

5. Il a guéri mon âme,
Comme un bon médecin ;
Comme un flambeau divin,
Il m'éclaire, il m'enflamme.   Bénissons, etc.

6. Il me comble à toute heure
De grâce et de faveur ;
Dans le fond de mon cœur
Il a pris sa demeure.   Bénissons, etc.

7. Sa bonté me supporte,
Sa lumière m'instruit,
Sa douceur me ravit,
Son amour me transporte.   Bénissons, etc.

8. Son cœur sera sans cesse
Ma force et mon appui ;
Je me consacre à lui ;
Son tendre amour me presse.   Bénissons, etc.

9. Ma devise chérie,
Ma gloire et mon bonheur,
Seront d'être au Seigneur
Pendant toute ma vie.   Bénissons, etc.

10. Dieu seul est ma tendresse,
Dieu seul est mon soutien,
Dieu seul est tout mon bien,
Ma vie et ma richesse.   Bénissons, etc.

Même Sujet. (*N°* 97.)

1. Aux chants de la victoire
   Mêlons nos chants d'amour ;
   En ce jour
   Dieu descend de sa gloire
   Dans cet heureux séjour.
   Terre, frémis de crainte,
   Voici le Dieu jaloux,
   Près de nous.
   Sous sa majesté sainte,
   O cieux, abaissez-vous.
2. En vain, foudres de guerre,
   Vous semez sous vos pas
   Le trépas ;
   Jésus dompte la terre
   Par de plus doux combats.
   Son amour et ses charmes
   Sont peints en traits de feux
   En tous lieux.
   C'est par ses seules armes
   Qu'il est victorieux.
3. Ce doux vainqueur s'avance,
   Offrez, chrétiens fervents,
   Vos présents;
   Offrez en sa présence
   Vos vœux et votre encens.
   Partout sur son passage
   S'il voit voler vos fleurs
   Et vos cœurs,
   Il paiera votre hommage
   Des plus riches faveurs.
4. Qu'un nuages obscurcisse
   L'éclat de ce grand Roi
   Devant moi.
   Le soleil de justice
   Luit toujours à ma foi ;
   Perçant les voiles sombres
   Qui dérobent ses feux

B.

A mes yeux,
J'aperçois sous ces ombres
Le Monarque des cieux.
5. Courez, peuple volage,
Triste jouet du sort,
Loin du port,
Affronter le naufrge,
La tempête et la mort;
A l'ombre de ses ailes
Nous goûtons de la paix
Les bienfaits ,
Et tous nos cœurs fidèles
L'aimeront à jamais.
6. Allez mondains perfides,
Allez porter ailleurs ,
Vos faveurs;
Nos ames sont avides
De plus nobles douceurs;
Adieu perfide monde ,
Je foule aux pieds tes biens,
Tes liens :
Tout mon espoir se fonde
Dans le Dieu des chrétiens.

Hymne de reconnaissance. (N° 87.)

4. Entonnons, Chrétiens, aujourd'hui
L'hymne de la reconnaissance.
Le Seigneur s'est fait notre appui,
Exaltons sa toute-puissance.
Dieu s'est montré ,
Il a brisé,
Pulvérisé
Le sceptre , la couronne
Des orgueilleux,
Audacieux,
Qui dans les cieux
Voulaient placer leur trône.

2· De tous les bienfaits du Seigneur
   Nous ne perdrons jamais la mémoire ;
   En tous les temps louons sa grandeur,
   Et publions partout sa gloire. · Dieu s'est, etc.

3. Il a paru dans les combats,
   Comme un guerrier plein de vaillance ;
   Des plus célèbres potentats
   Il a renversé la puissance.   Dieu s'est, etc.

4. O Dieu ! les méchants en fureur
   Voulaient perdre votre héritage ;
   La mer, à votre voix, Seigneur,
   Nous ouvrit un heureux passage. Dieu s'est, etc.

5. Dévorés par votre courroux,
   Ainsi qu'une paille légère,
   Ils ont disparu devant vous
   Comme un tourbillon de poussière. Dieu, etc.

6. Qui peut être semblable à vous,
   Dieu fort, Dieu puissant, Dieu terrible ?
   Les méchants tombent sous vos coups,
   Et vous êtes seul invincible.   Dieu s'est, etc.

7. Vous avez protégé, Seigneur,
   Israël par votre puissance.
   Vous seul êtes son conducteur,
   Vous seul serez sa récompense. Dieu s'est, etc.

Même Sujet. (N⁰ 142.)

1. Au Dieu d'amour gloire à toute heure,
   Honneur à jamais en tous lieux !
   Pour nous il abaisse les cieux,
   Près de nous il fait sa demeure.

Refr.   Non, non, non, de tant de bienfaits
      Ne perdons jamais la mémoire ;
      Non, non, non, ne cessons jamais
      De publier partout sa gloire.

2. Des grands, des puissants de la terre
   Il ne cherche pas les palais ;
   D'un cœur pur les simples attraits
   Ont seuls le bonheur de lui plaire. Non, non, etc.

3. L'autel est son trône de grâce,
   Il y règne au milieu de nous :
   Son divin cœur, ouvert à tous,
   Nous attend pour y prendre place. Non, non, etc.
4. Près de nous sa vive tendresse
   Le retient la nuit et le jour :
   A lui faire souvent la cour
   N'est-il pas juste qu'on s'empresse? Non, non, etc.
5. Dans nos travaux, dans nos misères,
   Il est le Dieu consolateur;
   Et, dans ses regrets, le pécheur
   Trouve en lui le meilleur des pères. Non, non, etc.
6. Oui, dans ce mystère adorable,
   Jésus pour nous brûle d'amour;
   Pour lui désormais, en retour;
   Brûlons d'un amour ineffable. Non, non, etc.
7. Pleins d'une douce confiance
   Prosternons-nous à son autel,
   Et qu'un dévoûment éternel
   Prouve notre reconnaissance. Non, non, etc.

Même Sujet. (N_o 145.)

1. Du Dieu d'amour et de clémence
Célébrons à jamais l'ineffable bonté.
   Sion, que ta reconnaissance
   Egale son éternité.
2. Lui-même éclaire notre enfance,
   Et dévoile à nos cœurs sa divine beauté, Sion, etc.
3. Il s'est chargé de notre offense,
Il a porté le poids de notre iniquité.   Sion, etc.
4. Pour nous, sous une humble apparence,
Il dérobe l'éclat de sa divinité.   Sion, etc.
5. Il nous nourrit de sa substance,
Et nous rend tous nos droits à l'immortalité. Sion, etc.
6. Il ranime notre espérance,
Et nous fait héritiers de sa félicité.   Sion, etc.
7. Il sera notre récompense,
Au séjour de la gloire, en la sainte cité. Sion, etc.

8. Pleins d'une douce confiance,
Célébrons à l'envi sa gloire et sa bonté. Sion, etc.

Sur la Persévérance. (N° 98.)

1. Jour heureux, sainte allégresse !
Jésus règne dans mon cœur ;
Pourquoi donc, sombre tristesse,
Viens-tu troubler mon bonheur ?
Hélas ! de mon inconstance
J'ai l'affligeant souvenir,
Et pour ma persévérance
Je redoute l'avenir.

Refr. Doux Sauveur de l'enfance,
Cache-nous dans ton cœur ;
Conserve-nous la ferveur,
Et le bonheur et l'innocence ;
Conserve nous la ferveur,
Et l'innocence et le bonheur.

2. Je connais trop ma faiblesse,
Mes penchants impérieux,
Et la dangereuse ivresse
Que le monde offre à mes yeux.
Dans sa fureur meurtrière
Je vois l'enfer accourir :
Ah ! si tout me fait la guerre,
Ne faudra-t-il pas périr ?
Doux Sauveur, etc.

3. Quoi ! me dit le Dieu suprême,
Tu pourrais fuir mes autels !
Quoi ! tu briserais toi-même
Ces nœuds chers et solennels !
Contre toi tout court aux armes,
Tout conjure à t'entraîner :
Cher enfant de tant de larmes,
Veux tu donc m'abandonner ?
Doux Sauveur, etc.

4. Moi, trahir le Dieu que j'aime !
Mon Dieu, déchirer ton cœur !
T'oublier, bonté suprême !
Outrager mon Bienfaiteur !

Ton sang coule dans mes veines,
Et je pourrais te trahir !
Ah ! reprendre encore mes chaînes !
Non Seigneur plutôt mourir ! Doux Sauveur, etc.

5. Mais, quoi ! le Dieu que j'adore
N'est-il plus le Dieu puissant ?
Et sitôt que je l'implore
Ne suis-je pas triomphant ?
S'il m'expose à cette guerre,
Est-ce pour m'y voir périr ?
Si je ne suis que poussière
Sa main peut me soutenir.   Doux Sauveur, etc.

6. Avec ta grâce j'espère,
Et je m'élance aux combats ;
Vigilance, humble prière,
Vous assurerez mes pas.
Loin de moi, monde perfide,
Amis, livres corrupteurs,
Respect humain, fausse égide ;
Je renonce à vos douceurs. Doux Sauveur, etc.

7. Vierge sainte, ô tendre Mère !
Je me jette entre vos bras :
Là, viens me faire la guerre,
Enfer, je ne te crains pas.
A ton nom, Vierge Marie,
Je sens mon cœur s'attendrir.
Qui t'invoque obtient la vie :
Qui t'aime ne peut périr.   Doux Sauveur, etc.

La Nativité de la Sainte-Vierge. (N° 91.)

1. Quel beau jour vient s'offrir à notre ame ravie,
Nous inspirer des chants joyeux !
Les temps sont accomplis, Dieu prépare à Marie,
L'accord de la terre et des cieux.
Cette terre ingrate et rebelle
Du ciel provoquait le courroux ;
Vierge humble, modeste et fidèle,
C'est toi qui vas nous sauver tous.

Refr. Chantons cette fête chérie,
  Ce jour de grâce et de bonheur,
  Et que le doux nom de Marie,
  Règne à jamais dans notre cœur.

2. Triomphez, ô mortels! et que l'enfer frémisse.
  Tous ses efforts sont impuissants :
Dieu qui fait embrasser la paix et la justice,
  Va vous adopter pour enfants.
  Ah! puisqu'il devient notre frère,
  Rien ne doit manquer à nos vœux.
  Il sait bien qu'il faut une mère
  A l'homme faible et malheureux. Chantons, etc.

3. C'est le fils du grand Dieu que tout le ciel adore,
  Qui viendra nous porter la paix ;
Il veut qu'un si beau jour ait aussi son aurore,
  Prélude de tous ses bienfaits.
  Pouvait-il donner à la terre
  Des gages plus consolateurs !
  Il s'annonce par une mère,
  N'est-ce pas tout dire à nos cœurs ! Chantons, etc.

4. La nature et la grâce à l'envi l'on parée,
  Elle est un chef-d'œuvre en naissant ;
Rien ne ternit l'éclat de cette arche sacrée
  Qu'habite le Dieu tout-puissant.
  Elle étonne et ravit les anges
  Prosternés devant son berceau,
  Et leurs lyres pour ses louanges
  N'ont plus de concert assez beau. Chantons, etc.

5. Voyez éclore un lis, et sa tige éclatante
  Exhaler la plus douce odeur :
Telle est à son berceau votre reine naissante,
  Pleine de grâce et de douceur.
  L'amour, la candeur, l'innocence
Accompagnent ses premiers pas ;
  O l'heureuse, ô l'aimable enfance !
  Pourrions-nous ne l'imiter pas. Chantons, etc.

6. O divine Marie ! ô notre tendre mère!
  Daignez nous bénir en ce jour ;
  Songez que cet asile est votre sanctuaire,
  Qu'il a des droits à votre amour ;

A cette famille attendrie
Inspirez toujours la ferveur,
Et qu'au ciel comme en cette vie,
Nous soyons tous en votre cœur.

Prière à Jésus-Christ. (*N°* 99.)

1. Seigneur, les méchants conjurés
   Veulent ruiner votre héritage ;
   Les cœurs qui vous sont consacrés
Trouvent auprès de vous leur force et leur courage.
   O Jésus, source des vertus !
   Que nos cœurs s'entr'aiment, s'unissent ;
   Et que les échos retentissent
   Du cri sacré : Vive Jésus !
   Et que les échos, etc.

2. Prosternés tous en ces saints lieux,
   Nous implorons votre clémence ;
   Pardonnez-nous, ô Roi des Cieux !
Et détournez de nous votre juste vengeance.
   O Jésus, source, etc.

3. Nous avons péché contre vous,
   Nous confessons nos injustices ;
   Si vous n'aviez pitié de nous,
Nous n'échapperions pas à d'éternels supplices.
   O Jésus, source, etc.

4. Daignez Seigneur, nous convertir,
   Rappelez-nous tous à la vie ;
   Formez en nous le repentir,
Réveillez notre foi trop longtemps endormie.
   O Jésus, source, etc.

5. Vive Jésus en notre cœur !
   Vive Marie ! et dans la France
   Règne la foi, règne l'honneur,
Le vrai, le repentir, la paix et l'innocence.
   O Jésus, source, etc.

Retour du jeune Pécheur. (*N*° 106.)

1. Il tombe de mes yeux le bandeau du prestige,
Je sors enfin des bras d'un coupable sommeil ;
Un rayon part du ciel, il m'éclaire et dirige
Mes pas mal assurés, au moment du réveil.

Refr. Grâce, grâce ! ô mon père ! appelé dans tes bras,
Un autre enfant prodigue implore ta clémence :
Je quitte pour jamais le monde et ses appas,
Et retrouve à la fois (*bis*) mon père et l'innocence. *bis.*

2. Quel instant, quels objets viennent frapper ma vue !
Effrayé de moi-même, et de crainte glacé,
Je rencontre partout une main inconnue
Qui déroule à mes yeux le livre du passé.

3. O cruel souvenir ! avoir aimé le vice
Avant d'aimer mon Dieu, mon père, mon sauveur !
Dans un âge si tendre avoir tant de malice,
Etre si jeune encore, et me voir si pécheur !

4. Combien triste est mon sort ! ô comble de disgrâce !
Que de biens le péché m'a fait perdre à la fois,
L'amitié de mon Dieu, la beauté de la grâce,
La douce paix du cœur, mes mérites, mes droits.

5. Où sont-ils ces attraits, ces douceurs, ces délices,
Où mes sens se noyaient avant de s'assouvir !
Où sont-ils ? Ah ! que vois-je ? à combler mes supplices
La colère du ciel veut les faire servir.

6. J'ai trop bravé, mon Dieu, ta bonté souveraine,
Abandonné ta loi, combattu mon devoir.
Aveugle que j'étais, je devais à ma peine,
A mes remords secrets, connaître ton pouvoir.

7. O mon Dieu ! quoi ! ce nom je le prononce encore !
Non, non, je t'ai perdu, j'ai cessé de t'aimer :
O juge ! qu'en tremblant je supplie et j'adore,
Grand Dieu ! d'un nom plus doux je n'ose te nommer.

8. Mais que dis-je ? toi-même ordonne que j'espère,
Que mes lèvres encor prononcent ce beau nom ;
Tout pécheur que je suis tu veux être mon père ;
Si je reviens à toi je suis sûr du pardon.

9. Reçois donc, ô mon père ! un fils longtemps rebelle,
Daigne favoriser ses pleurs et son retour ;
Plus il s'est égaré, plus il sera fidèle,
Plus il sera constant à garder ton amour.

10. Quoi ! que craindrais-je encor ? tu veux que je
t'implore,
Que j'invoque ton sang versé pour des ingrats.
C'est au pied de la Croix, que l'univers adore,
Que je viens me jeter pour désarmer ton bras.

11. Que n'y puis-je expirer, victime volontaire,
Sous le poids des regrets excités par l'amour,
Et n'oublier jamais que ce n'est qu'au Calvaire
Que reposent les clefs du céleste séjour !

12. De la grâce ! ô mon Dieu, qui m'éclaire et m'enflamme,
C'est peu que je commence à goûter les attraits ;
J'invoque ton pouvoir : épuise sur mon ame
La force et la douceur de tes célestes traits.

Le Pêcheur pénitent. (N° 150.)

1. Dieu tout-puissant, un fils rebelle
Ose implorer votre secours :
Il fut trop longtemps infidèle,
Mais il veut vous aimer toujours.
Vous êtes le plus tendre père,
Et je vous refusais mon cœur !
Ah ! considérez ma misère,
Prenez pitié de mon malheur.

2. Je m'écriais dans mon délire :
Tous les plaisirs sont faits pour moi ;
Monde, je veux, sous ton empire,
De mes désirs suivre ta loi.
Dans la carrière de l'impie
Je croyais obtenir la paix,
Et tous les instants de ma vie
Étaient marqués par des regrets.

3. Quelle dure et triste existence,
Disais-je à mon cœur désolé !
Vivre ici bas sans espérance,
Souffrir sans être console !
Ces remords préparaient l'ouvrage
Que le ciel voulait opérer :
Même au milieu de mon naufrage,
Il voulait encor me sauver.

4. Je résistais : votre justice
Ne me laissa plus de repos.
Grand Dieu ! pour punir ma malice
Vous m'accabliez de tous les maux.
Les flèches de votre colère
Sans cesse venaient me frapper :
Vous m'aviez déclaré la guerre,
Pouvais-je toujours résister ?

5. Souverain Roi de la nature,
En tremblant je reviens à vous ;
La plus indigne créature
Ose implorer votre courroux.
A l'ombre du cœur adorable
De votre Fils, notre Sauveur,
Je vous paraîtrai moins coupable,
Et vous me rendrez le bonheur.

6. Dieu de bonté, mon tendre Père,
Pardon de mes iniquités.
Un grand pécheur en vous espère
Malgré ses infidélités.
C'est votre enfant, vierge Marie,
Qui vous offre son repentir :
Dans vos bras je me réfugie,
Là je ne crains plus de périr.

Amour à Marie. (*N*° 151.)

1. Venez, ô famille chérie !
Parmi les plus joyeux transports,
Venez présenter à Marie
Vos cœurs unis à vos accords.

C'est notre Reine et notre Mere ;
A l'aimer consacrons nos jours.
Heureux l'enfant qui sait lui plaire
Toujours, toujours, toujours.
2. Que son amour offre des charmes !
Que son service a de douceurs !
Marie, en essuyant nos larmes,
Change les épines en fleurs.
C'est notre Reine et notre Mère,
Chantons son amour, ses bienfaits.
Plutôt mourir que de lui déplaire
Jamais, jamais, jamais.
3. Que l'enfer au monde s'allie
Pour perdre nos cœurs innocents ;
Contre les enfants de Marie
Leurs traits sont toujours impuissants.
C'est notre Reine, etc.
4. Oh ! que sa gloire est éclatante
Dans le séjour des bienheureux !
Oh ! que sa prière est puissante
Adressée au Maître des Cieux !
C'est notre Reine, etc.
5. Implorons cette protectrice
Dans les dangers, dans les malheurs ;
Sa main, douce consolatrice,
Saura toujours sécher nos pleurs.
C'est notre Reine, etc.

Consécration à la Sainte Vierge. (N° 149

1. J'entends le monde qui m'appelle,
Mais il m'offre en vain ses appas :
O Marie ! ô Reine immortelle !
Je viens me jeter dans tes bras.
Sous ton drapeau toujours fidèle,
Je ne craindrai point les combats.
Reine des Cieux, Mère auguste et chérie,
Oui, pour toujours nous sommes tes enfa
Nous le jurons à tes piéds, ô Marie !
Plutôt mourir que trahir nos serments.

2. Laissons au mondain son ivresse
   Et n'envions pas son bonheur ;
   Sa douce et brillante allégresse
   N'est pour lui qu'un songe trompeur :
   Quand le remords suit la tristesse,
   Alors il déchire le cœur.
   Reine des Cieux, etc.

3. De fleurs il couronne sa tête.
   Et sous ses pas naît le plaisir ;
   Sa vie est un long jour de fête.
   Mais qu'il se hâte d'en jouir ;
   Le noir enfer déjà s'apprête,
   L'abîme va bientôt s'ouvrir.
   Reine des Cieux, etc.

La Gloire et les Grandeurs de Marie. (N° 150.)

Unis aux concerts des anges,
Aimable Reine des cieux,
Nous célébrons les louanges
Par nos chants mélodieux.
Chœur.
De Marie
Qu'on publie
Et la gloire et les grandeurs ;
Qu'on l'honore,
Qu'on l'implore,
Qu'elle règne sur nos cœurs.
Auprès d'elle la nature
Est sans grâce, sans beauté ;
Les cieux perdent leur parure,
L'astre du jour sa clarté.
Chœur. De Marie, etc.
C'est le Lis de la vallée
Dont le parfum précieux,
Sur la terre désolée
Attira le Roi des cieux.
Chœur. De Marie, etc.

C'est l'auguste Sanctuaire
Que le Dieu de majesté
Inonda de sa lumière,
Embellit de sa beauté.
Chœur. De Marie, etc.
C'est la Vierge incomparable,
Gloire et salut d'Israël,
Qui pour un monde coupable
Fléchit le courroux du Ciel.
Chœur. De Marie, etc.
Pour tout dire, c'est Marie.
Dans ce nom que de douceur !
Nom d'une mère chérie.
Nom, doux espoir du pécheur.
Chœur. De Marie, etc.
Ah ! vous seuls pouvez nous dire,
Mortels, qui l'avez goûté,
Combien doux est son empire,
Combien grande est sa bonté.
Chœur. De Marie, etc.

6

Qui jamais de la détresse
Lui fit entendre le cri,
Et n'obtint de sa tendresse,
Sous son œil un seul abri ?
 Chœur. De Marie, etc.
Vous qui d'un monde perfide
Craignez les puissants appas,
Si Marie est votre guide,
Non, vous ne périrez pas.
 Chœur. De Marie, etc.

En vain l'enfer en furie
Frémirait autour de vous,
Si vous invoquez Marie
Vous braverez son courroux.
 Chœur. De Marie, etc.
Oui, je veux, ô tendre Mère !
Jusqu'à mon dernier soupir,
T'aimer, te servir, te plaire,
Et pour toi vivre et mourir.
 Chœur. De Marie, etc.

J'aime Marie. (*N*ᵒˢ 6 *et* 51.)

J'aime Marie et je suis aimé d'elle :
Elle remplit et mon cœur et mes vœux ;
 C'est la Reine immortelle,
 Elle est douce, elle est belle ;
Avec Marie on est toujours heureux.

Heureux le jour où la tendre Marie
Me fit connaître et contempler son cœur ;
 Ce jour donna la vie
 A mon ame ravie ;
Avec Marie il n'est plus de malheur.

De vains mépris aux honneurs de la terre ;
Je ne veux plus ses plaisirs et son or :
 J'ai trouvé dans ma Mère
 De quoi me satisfaire ;
J'ai dans Marie un immense trésor.

Si je soupire et si je me désole,
Son souvenir adoucit mes douleurs :
 Mon cœur, à sa parole,
 Se calme et se console,
Et son nom seul a fait sécher mes pleurs.

Ah ! si Marie écoute ma prière,
Seule elle aura mon être sans retour ;
 Jusqu'à l'heure dernière,
 Je veux l'aimer, lui plaire ;
Et mon espoir est de la voir un jour.

A ce doux nom je pleure de tendresse,
Ce nom renferme un charme tout-puissant.
Si la sombre tristesse,
Si le chagrin me presse,
Je dis : Marie, et mon cœur est content.
Reçois, ma Reine, et mon corps et ma vie,
O ma Mère chérie,
O ma tendre Marie,
Je t'aimerai pendant l'éternité.

Nota. On peut, en adaptant un autre air au Cantique, *Je vous salue* (page 151), remplacer le refrain *O divine Marie*, par le suivant :

Oui, nous l'avons juré, nous sommes ses enfants ;
Nous faisons de nos cœurs le don le plus sincère.
Que la terre et les Cieux redisent nos serments :
Guerre au monde, à Satan ! amour à notre Mère !

FIN DES CANTIQUES.

EXAMEN GÉNÉRAL

DE CONSCIENCE.

---◦○---

1° En vous examinant, ne mettez pas sur votre compte tous les péchés que vous trouverez dans les livres ; ne vous attribuez que ceux que vous reconnaîtrez avoir commis.

2° Faites attention au nombre de fois *qu'une faute vous est arrivée*. Il faut tâcher de l'indiquer, non pas d'une manière précise, mais à peu près, en désignant telle faute par *an*, telle autre par *mois*, telle autre par *semaine* ou par *jour*, selon que l'habitude est plus ou moins invétérée.... Faute de cette précaution, vous vous accuserez fort mal, en n'indiquant pas le nombre de fois, ou, ce qui revient au même, en disant au hasard, comme font certaines personnes, qui disent à chaque péché, 3 fois, 10 fois, plus ou moins.

Confessions et Communions précédentes.

Avoir négligé de s'examiner, l'avoir fait à la hâte, superficiellement ;....... avoir reçu l'absolution sans un vrai regret du passé, sans ferme propos pour l'avenir ;..... avoir caché ou déguisé quelques fautes, par honte ou par malice ;..... avoir omis ou mal fait sa pénitence sacramentelle..... Avoir communié sans préparation, sans respect, avec de mauvais motifs ;.... avoir communié avec des inquiétudes bien fondées ; l'avoir fait en état de péché mortel.

COMMANDEMENTS DE DIEU.
1er *Commandement*.

Avoir omis ses prières ; les avoir faites à la hâte, avec des distractions volontaires ;..... avoir passé un temps considérable, sans produire des actes de foi, d'espérance et de charité..... S'être entretenu de pensées et de doutes volontaires contre quelques articles de notre croyance...... (*Il faut désigner les points qu'on a refusé de croire, ou dont on a douté.*) Avoir lu des livres contre la foi ; les avoir gardés chez soi, les avoir prêtés à d'autres..... (*Cherchez à combien de personnes.*) Avoir écouté des discours contre la foi et la religion ; en avoir tenu soi-même, par exemple : *qu'on pouvait se sauver dans toutes les religions ; que Dieu était trop bon pour nous damner éternellement, etc.....* Rougir de paraître chrétien ; s'être entretenu dans un dégoût volontaire des choses du ciel ; être prêt à renoncer au paradis plutôt que de renoncer à certains plaisirs défendus... Avoir désespéré de son salut ;... par désespoir, s'être abandonné à ses passions... Avoir présumé de la bonté de Dieu ; s'être livré au mal, sous l'espoir du pardon ; avoir murmuré, s'être dépité contre la Providence, à cause des accidents, des pertes, du mauvais temps... Avoir vécu dans l'oubli de Dieu ; lui avoir préféré la créature ; être dans la disposition de l'offenser ; entendre blasphémer son saint nom sans en ressentir de douleur... Etre resté, par sa faute, dans l'ignorance des principales vérités de la religion ;... s'être moqué des pratiques de la religion ;... avoir tourné en ridicule la piété et les personnes pieuses ; profané les choses saintes..... Avoir mal parlé de Notre-Seigneur J.-C., de la très sainte Vierge et des saints ; imiter, par dérision, les cérémonies de la religion ;... se servir des paroles de l'Ecriture-Sainte par moquerie... Avoir consulté les devins ;... avoir tiré les cartes ; s'être fait dire la bonne aventure... Avoir voulu se donner au démon ; l'avoir invoqué dans des moments de désespoir ;... avoir lu des livres de magie... Avoir refusé ou négligé de se confesser dans une maladie grave et dans les circonstances où la vie était en danger... Avoir ajouté foi à des pratiques superstitieuses.

IIe *Commandement.*

Etre dans l'habitude de faire des serments, de jurer sur *sa foi*, *en conscience*, *en vérité*, pour attester des choses fausses ou douteuses... Avoir blasphémé le saint nom de Dieu; l'avoir maudit par colère, par mépris, par aversion; proféré certaines paroles qui approchent du blasphème, comme *parbleu*, *morbleu*;... prononcé des imprécations contre soi-même, contre d'autres personnes, contre des animaux..... Avoir différé d'accomplir des vœux.

IIIe *Commandement.*

Avoir manqué, par sa faute, les saints jours de Dimanches et de Fêtes, aux instructions;..... avoir préféré une messe basse à la messe paroissiale;.... être entré dans le lieu saint avec des yeux égarés; y avoir commis des irrévérences ;... avoir causé durant la sainte Messe, les offices, les sermons;... s'être laissé aller à des distractions pendant la sainte Messe, ou une partie notable du saint Sacrifice;... porter à l'église des livres profanes.... Avoir travaillé, ou fait travailler les jours de Dimanche, sans cause légitime (*combien de temps*).

Il faut dire avec sincérité tout ce que vous connaissez qui augmente votre tort et votre péché ; il faut dire aussi les choses qui le diminuent considérablement, pourvu que ce ne soient pas de fausses excuses.

IVe *Commandement.*

Désobéir à ses parents, maîtres, supérieurs; leur répondre avec insolence; mépriser leurs avis dans son cœur; témoigner ce mépris, par son ton, ses manières, ses réponses : les faire mettre en colère par ses désobéissances, son entêtement; prendre plaisir à les mortifier et à les voir mettre en colère ; concevoir de l'aversion pour eux, conserver de la rancune contre eux ; s'entretenir de leurs défauts, en parler par dérision, imiter leurs manières pour faire rire; se révolter contre eux ; les menacer, se réjouir en leur voyant du mal... Négliger de faire recevoir les derniers sacrements à ses parents.

V° *Commandement.*

Concevoir de la haine contre son prochain ;... chercher à se venger... (*Il faut dire combien cette haine, ces désirs de vengeance ont duré.*) Se disputer entre camarades, frères et sœurs, s'injurier ; donner des coups ; mortifier les autres par des surnoms injurieux ; leur reprocher des défauts naturels ; leur souhaiter du mal, même la mort ; se réjouir en leur voyant du mal ; les faire réprimander, punir, par esprit de vengeance ;... ne pas vouloir pardonner ; refuser de se réconcilier.

Scandale : Exciter les autres à faire le mal ; les engager à se battre, à se venger ; les empêcher de se reconcilier ;... applaudir à un acte de vengeance... Les détourner du bien ; de la fréquentation des sacrements par railleries et par mauvais conseils.

VI° et IX° *Commandements.*

On pèche contre la sainte vertu de pureté, 1° *par pensée :* s'arrêter volontairement à de mauvaises pensées ; se rappeler avec plaisir des songes déshonnêtes...

2° *Par désirs :* Désirer de faire de mauvaises actions ; s'arrêter volontairement à ces sortes de désirs.

3° *Par actions :* Prendre de mauvaises libertés sur soi ou sur d'autres ;... discours, regards contre la pudeur.

Il faut aussi s'examiner sur les occasions de ce malheureux péché ; parures indécentes ;... chansons ;... fréquentations dangereuses ;... mauvaises lectures ;... spectacles, danses ;... excès dans le boire et dans le manger.

En cette matière, il faut, 1° dire si les pensées, les désirs ont duré longtemps, si on les a interrompus et repris ensuite, ... car, autant de fois que cela a eu lieu, autant de nouveaux péchés ;.... quelles mauvaises impressions on a ressenties ; 2° tout exprimer le plus modestement possible, et ne pas craindre de donner et demander au Confesseur toutes les explications nécessaires.

VII° et X° *Commandements.*

S'approprier injustement le bien d'autrui... *Expliquer ce qui a été pris,... à qui... (sans toutefois être obligé de nommer personne), en quel lieu...* Garder les choses trouvées.

Participer à l'injustice d'autrui, en la conseillant, en recélant ce qui a été dérobé.

Prendre en cachette chez ses parents ou ses maîtres ;... détériorer le bien d'autrui ;... passer à travers les grains...

Tromper au jeu ;... différer de restituer ;... désirer de prendre, ne s'en abstenir que par crainte ou parce qu'on n'a rien trouvé.

VIII° *Commandement.*

Avoir rendu de faux témoignages ;... avoir mal parlé de son prochain ;... avoir révélé des défauts cachés.... (*La médisance est d'autant plus grave, que la personne dont on médit est plus respectable, le mal qu'on en dit, plus considérable.*) Avoir écouté la médisance avec plaisir ; l'avoir entretenue, encouragée pas des questions ;..., avoir calomnié par légèreté, par esprit de vengeance, par jalousie... Avoir formé des soupçons désavantageux,... avoir porté des jurements téméraires sur le compte du prochain, les avoir communiqués à d'autres... Avoir semé la division par des rapports... Avoir menti pour faire rire, pour s'excuser ou excuser les autres, pour nuire ;... avoir soutenu des mensonges avec opiniâtreté, avec serment.

COMMANDEMENTS DE L'ÉGLISE.

Avoir omis sa confession ou communion annuelle, l'avoir faite en mauvais état.... Avoir mangé de la viande, des œufs, contre la défense de l'Eglise ;... n'avoir pas observé les jeûnes d'obligation.

PÉCHÉS CAPITAUX.

Orgueil : Estime de soi-même, à cause de sa figure, de ses succès, de ses richesses,... de ses habits ;... se préférer aux autres ;... aimer les compliments ;... mépriser les autres ;... rougir de ses parents ;... rechercher l'estime, par amour-propre, par hypocrisie.

Avarice : S'attacher aux biens de ce monde ;... désirer d'en avoir ;... être dûr à l'égard des pauvres.

Envie : S'attrister du bien et du mérite d'autrui, le rabaisser ;... être fâché de ses bons succès ;... se réjouir du mal qu'il lui arrive.

Gourmandise : Aimer la bonne chaire ,... les friandises ;... satisfaire sa sensualité ;... être mécontent de la nourriture ; s'enivrer ;... faire des excès.

Colère : S'impatienter ;... se laisser aller à des emportements, à des violences.

Paresse : Rester trop long-temps au lit ;... perdre son temps ; l'employer à des bagatelles ; rester oisif ;... négliger le soin de ses affaires, de sa famille.

Nota. En fait de péchés capitaux, il faut avoir soin de déclarer si c'est une habitude, depuis combien elle dure, si on a pris des moyens pour s'en corriger,.... combien de fois par jour, par semaine.

LES MYSTÈRES DU ROSAIRE.

PREMIÈRE PARTIE.

LE PREMIER MYSTÈRE JOYEUX.

En disant un *Pater*, et dix *Ave Maria*, considérez comment l'ange Gabriel annonce à la Sainte-Vierge qu'elle concevra et enfantera le fils de Dieu.

ORAISON. O Marie! Reine des vierges, je me réjouis de ce que vous avez été élevée et choisie pour être Mère de Dieu; je vous supplie, par le mystère de son incarnation, de m'obtenir la grâce de porter toujours dans mon cœur votre doux Jésus, lui adressant toutes mes actions et pensées. Ainsi soit-il.

LE DEUXIÈME MYSTÈRE JOYEUX.

Disant un *Pater* et dix *Ave Maria*, considérez comment la Sainte Vierge est allée en diligence visiter sa cousine Elisabeth, enceinte de six mois, et demeura trois mois avec elle.

ORAISON. O Vierge! très éclatant miroir d'humilité, je vous prie, par cette grande charité avec laquelle vous allâtes visiter sainte Elisabeth, d'obtenir pour moi cette faveur, que mon cœur soit visité de votre cher enfant, que ma conscience soit purgée de toutes taches de péchés, et que je le loue à jamais.

LE TROISIÈME MYSTÈRE JOYEUX.

Disant un *Pater* et dix *Ave Maria*, il faut méditer comment la Sainte Vierge enfanta notre Rédempteur à Bethléem, à l'heure de minuit, dans une pauvre étable et au milieu de deux animaux.

ORAISON. O Mère de Dieu! très pure, je vous supplie par la naissance de mon Sauveur, votre Fils unique, de prier pour moi, afin que je puisse devenir enfant en innocence, très petit en humilité, et tendre en charité, pour lui être agréable.

LE QUATRIÈME MYSTÈRE JOYEUX.

Disant un *Pater* et dix *Ave Maria*, contemplez comment la Sainte Vierge présenta Notre-Seigneur au temple le jour de la Purification, et le mit entre les bras du vieillard Siméon.

ORAISON. O admirable modèle d'obéissance! qui présentâtes au temple celui qui était le Seigneur, obtenez-moi, je vous en prie, la grâce de le pouvoir toujours louer et bénir avec le vieillard Siméon.

LE CINQUIÈME MYSTÈRE JOYEUX.

Disant un *Pater* et dix *Ave Maria*, contemplez comment la Sainte Vierge ayant perdu et cherché son fils l'espace de trois jours, elle le trouva au temple, disputant au milieu des docteurs, étant âgé de douze ans.

ORAISON. O Marie ! consolatrice des affligés, je vous supplie, par la joie que vous eûtes, trouvant votre cher Fils au temple au milieu des docteurs, d'obtenir pour moi la grâce de le chercher, et que jamais mes péchés ne me séparent de lui. Ainsi soit-il.

SECONDE PARTIE.

LE PREMIER MYSTÈRE DOULOUREUX.

Disant un *Pater* et dix *Ave Maria*, on doit contempler comment Notre-Seigneur, finissant son oraison au jardin des Oliviers, sue sang et eau.

ORAISON. O Vierge plus que martyre ! je vous supplie, par le mérite de l'ardente prière que mon Sauveur votre fils adressa au jardin à son Père éternel, de prier pour moi, afin que je me soumette toujours à sa divine volonté. Ainsi soit-il.

LE DEUXIÈME MYSTÈRE DOULOUREUX.

Disant un *Pater* et dix *Ave Maria*, il faut méditer comment Jésus-Christ fut flagellé cruellement chez Pilate.

ORAISON. O Mère de Dieu ! modèle de patience, je vous prie, que cette cruelle flagellation qu'endura pour moi votre Fils adorable soit le châtiment de mes sens, et que le glaive de douleur qui perça votre ame, retranche aussi de moi toute occasion de péché. Ainsi soit-il.

LE TROISIÈME MYSTÈRE DOULOUREUX.

Disant un *Pater* et dix *Ave Maria*, contemplez comment notre Rédempteur fut couronné d'épines.

ORAISON. O Mère du prince de la gloire éternelle ! par ces cruelles épines qui ont percé sa divine tête, priez-le qu'il arrache l'orgueil de mon cœur, et qu'il me délivre des peines que mes péchés méritent. Ainsi soit-il.

LE QUATRIÈME MYSTÈRE DOULOUREUX.

Disant un *Pater* et dix *Ave Maria*, contemplez comment Notre-Seigneur porta sa croix sur ses épaules, afin d'endurer plus de douleur et de honte.

ORAISON. O Marie ! vrai miroir de patience, par ce pesant fardeau de la croix que mon Sauveur Jésus porta pour mes péchés, obtenez-moi la vertu de porter après lui toujours jusqu'à la fin la croix de pénitence. Ainsi soit-il.

LE CINQUIÈME MYSTÈRE DOULOUREUX.

Disant un *Pater* et dix *Ave Maria*, il faut considérer comment le Sauveur fut dépouillé sur le mont Calvaire, et attaché sur la croix.

ORAISON. O très bénigne Mère de Dieu ! tout ainsi que les membres délicats de votre cher Fils furent étendus sur la croix, de même je souhaite que mes désirs soient de le servir. Je vous compatis, ô douloureuse Mère ! prenez-moi en votre sainte garde. Ainsi soit-il.

TROISIÈME PARTIE.

LE PREMIER MYSTÈRE GLORIEUX.

Disant un *Pater* et dix *Ave Maria*, contemplez comment Notre-Seigneur Jésus-Christ ressuscita glorieux et triomphant de la mort.

ORAISON. O Vierge souveraine ! par la joie indicible que vous avez reçue quand vous vîtes mon Sauveur votre fils ressuscité en gloire, je vous prie de m'obtenir la grâce que mon cœur ne s'occupe jamais des faux plaisirs de ce monde, mais des véritables biens célestes.

LE DEUXIÈME MYSTÈRE GLORIEUX.

Disant un *Pater* et dix *Ave Maria*, contemplez comment Notre Seigneur Jésus-Christ monta triomphant au ciel, en présence de sa divine mère et de tous ses disciples, le quarantième jour après sa résurrection.

ORAISON. O Mère de Dieu! avocate des pauvres pécheurs, je vous prie, par la joie que vous eûtes de voir monter votre Fils aux cieux, de m'obtenir la bénédiction qu'il donna aux siens en montant, afin que je vive de telle façon en terre, que ma demeure soit au ciel pour y contempler la gloire de la souveraine majesté.

LE TROISIÈME MYSTÈRE GLORIEUX.

Disant un *Pater* et dix *Ave*, *Maria*, il faut contempler comment le Saint-Esprit descendit sur les Apôtres, le jour de la Pentecôte, en forme de langues de feu.

ORAISON. O très Sainte Vierge! je vous prie que par l'allégresse que reçut votre âme en la venue du Saint-Esprit qui descendit en même temps sur les Apôtres et autres fidèles, de m'obtenir la vertu de charité pour aimer Dieu par-dessus toutes choses, et mon prochain comme moi-même, et les dons du même Saint-Esprit, afin que je me laisse conduire à ses saintes inspirations. Ainsi soit-il.

LE QUATRIÈME MYSTÈRE GLORIEUX.

Disant un *Pater* et dix *Ave*, *Maria*, considérez comment la sainte Vierge Marie fut élevée au ciel en corps et en âme le jour de son Assomption.

ORAISON. O Vierge très glorieuse! je me réjouis de la joie que vous eûtes à votre Assomption quand vous fûtes élevée par-dessus tous les chœurs des Anges; je vous supplie de m'obtenir la grâce de marcher toujours par la voie d'humilité que vous m'avez enseignée, afin que, méprisant de cœur et d'affection toutes les choses de la terre, je puisse parvenir à l'heureuse patrie où règne votre cher Fils. Ainsi soit-il.

LE CINQUIÈME MYSTÈRE GLORIEUX.

Disant un *Pater* et dix *Ave*, *Maria*, contemplez comment la Sainte Vierge fut couronnée par son Fils dans le Ciel.

ORAISON. O Reine des célestes Hiérarchies! recevez, je vous prie, cette couronne du Rosaire, et m'obtenez une sainte et heureuse mort, afin que, sortant de ce malheureux monde, je puisse jouir de la vision bienheureuse de mon Dieu avec vous, en la compagnie de tous les Saints. Ainsi soit-il.

ABRÉGÉ

DE CE QU'IL FAUT SAVOIR, CROIRE ET PRATIQUER POUR ÊTRE SAUVÉ.

I. Il n'y a qu'un Dieu; il ne peut y en avoir plusieurs. Dieu possède toutes les perfections; il est infiniment saint, juste, bon; il est tout-puissant, souverain, éternel, c'est-à-dire qu'il a toujours été et qu'il sera toujours. Dieu est un pur esprit; il n'a point de corps; on ne peut le voir; il connaît tout, jusqu'à nos plus secrètes pensées.

II. Il y a en Dieu trois Personnes, réellement distinctes l'une de l'autre : la première, le Père; la seconde, le Fils; la troisième, le Saint-Esprit. Le Père est Dieu, le Fils est Dieu, le Saint-Esprit est Dieu. Cependant ce ne sont pas trois Dieux, mais trois personnes égales en toutes choses, qui ne sont qu'un seul et même Dieu, parce qu'elles n'ont qu'une même nature et essence divine. C'est là ce qu'on appelle le mystère de la Très-Sainte Trinité.

III. C'est Dieu qui a créé le Ciel et la Terre, et tout ce qu'ils renferment; il les a faits de rien, par sa seule volonté. Il a créé des Anges : les uns ont péché par orgueil, et sont dans l'enfer; les autres restés attachés à Dieu, sont heureux dans le ciel. Dieu a fait les astres, la terre, les animaux, le plantes pour l'usage de l'homme; mais il a fait l'homme à son image, et *uniquement* pour connaître, aimer, servir son Dieu sur la terre, et par ce moyen gagner le Paradis.

IV. Le premier homme et la première femme désobéirent à Dieu, et se rendirent coupables, eux et tous leurs descendants, et c'est à cause de la désobéissance de nos premiers parents que nous apportons tous, en venant au monde, le péché originel. En punition de ce péché, ils méritèrent pour eux et pour tous leurs descendants, ou pour tous les hommes, les souffrances, les peines, la mort, la colère de Dieu et la damnation éternelle.

V. Dieu cependant voulut bien offrir aux hommes le pardon et même le Ciel, et pour cela la seconde Personne de la Sainte Trinité, le Fils de Dieu se fit Homme; il prit un corps et une ame pour souffrir, et par ce moyen payer à la justice de Dieu ce que nous lui devions, et nous délivrer de la puissance du démon. C'est là le mystère de l'Incarnation. Le Fils de Dieu fait Homme s'appelle Jésus-Christ.

VI. Ainsi, dans la Sainte Trinité, le Père est vrai Dieu, mais pas Homme, il n'a pas de corps; il en est de même du Saint-Esprit; mais le Fils vrai Dieu comme le Père et le Saint-Esprit, le Fils de Dieu s'est fait Homme pour nous racheter; il a toujours été Dieu, mais il ne s'est fait homme que depuis environ mille huit cents ans. Sans lui nous aurions tous été privés du Ciel.

VII. Le Fils de Dieu prit un corps formé par l'opération du Saint-Esprit dans le sein de la Très-Sainte Vierge Marie, qui ne cessa pas d'être Vierge. On en fait la fête le 25 de mars. Il fut mis au monde la nuit de Noël, dans une étable; il a vécu sur la terre environ trente-trois ans, dans la pauvreté, l'humilité et la pratique de toutes les vertus. Il enseigna l'Evangile, fit un très grand nombre de miracles, pour prouver sa divinité; et toutes les prophéties par lesquelles Dieu l'avait annoncé aux hommes, s'accomplirent à la lettre dans sa Personne.

VIII. Il est mort comme Homme-Dieu, sur une croix,

pour nos péchés, le Vendredi-Saint. C'est là le Mystère
de la Rédemption. Il s'est ressuscité lui-même, le troisième jour après sa mort, le jour de Pâques ; il est
monté au Ciel par sa propre vertu, le jour de l'Ascension, quarante jours après sa Résurrection ; il en des-
cendra à la fin du monde pour juger tous les hommes,
qui mourront tous et ressusciteront ; il donnera le Paradis aux justes ; mais pour ceux qui seront morts en
état de péché mortel, tels que les impies, les jureurs,
les vindicatifs, les impudiques, les ivrognes, il les con-
damnera à l'enfer, et le Ciel et l'enfer dureront éternellement, c'est-à-dire sans fin.

IX. L'Eglise est la société de ceux qui professent la
véritable religion, enseignée par Jésus-Christ ; c'est
l'Eglise Catholique, Apostolique et Romaine. Il faut
obéir à ceux qui la gouvernent par l'autorité de Jésus-
Christ ; ce sont les Évêques et spécialement N. S. P. le
Pape, qui, comme Chef, Successeur de S. Pierre et
Vicaire de Jésus-Christ, a l'autorité sur tous les Evê-
ques et sur tous les Fidèles ; c'est le seul moyen de ne
pas tomber dans l'erreur, selon la promesse de Jésus-
Christ. Hors de l'Eglise point de salut : ainsi tous ceux
qui n'appartiennent pas à l'Eglise, ou qui ne lui obéis-
sent pas, seront damnés. L'Eglise est composée de
Saints qui sont dans le Ciel, des ames qui sont en Purgatoire, et des Fidèles qui sont sur la terre ; nous par-
ticipons au mérite des Saints et des Fidèles, et nous
pouvons soulager les ames du Purgatoire par nos prières et nos bonnes œuvres.

Toutes ces vérités sont renfermées dans le Symbole
des Apôtres, *Je crois en Dieu*, etc. On doit les croire
fermement, non sur la seule parole des hommes qui
les annoncent, mais parce qu'elles ont été révélées de
Dieu même, et qu'elles sont enseignées par l'Eglise
qui est infaillible.

X. Pour se sauver, il faut non-seulement croire fermement toutes ces vérités, mais il faut encore vivre
chrétiennement ; il faut observer les commandements
de Dieu et de l'Eglise, pratiquer la vertu et fuir le péché.

Il y a dix Commandements de Dieu : le premier nous

oblige de l'aimer et de l'adorer lui seul, et d'aimer le prochain comme nous-même, pour l'amour de Dieu : le second, d'honorer son saint nom , et il nous défend de le profaner par les jurements ; le troisième nous ordonne d'employer le Dimanche à la prière et aux bonnes œuvres , et nous défend les travaux serviles ; le quatrième ordonne d'honorer pères et mères, et tous les supérieurs ; le cinquième défend de tuer et faire mal à personne, de donner mauvais exemple de dire ou penser mal de personne et ordonne de pardonner à tous ; le sixième défend toute impureté et tout ce qui peut y conduire ; le septième défend de prendre et de retenir le bien des autres, et de leur causer aucun dommage ; le huitième défend de porter faux témoignage et de mentir ; le neuvième défend le désir des mauvaises actions défendues par le sixième Commandement, et de s'arrêter à aucune pensée déshonnête ; le dixième défend de désirer injustement le bien des autres,

L'Eglise ordonne principalement six choses : 1. de sanctifier les Fêtes qu'elle commande. 2. D'assister à la Messe avec attention , les Dimanches et les Fêtes. 3. De se confesser du moins une fois l'an. 4. De communier au moins une fois l'an, à sa Paroisse, dans la quinzaine de Pâques. 5. De jeûner les Quatre-Temps, les Vigiles et tout le Carême. 6. De s'abstenir de manger gras les Vendredis et les Samedis et les jours de jeûne.

XI. Mais, pour obéir à Dieu et à l'Eglise, nous avons absolument besoin de la grâce de Dieu, et pour l'obtenir, il faut la lui demander souvent par d'humbles et ferventes prières, et toujours au nom de Jésus-Christ. La plus excellente des prières, c'est *Notre Père, etc.* parce que Jésus-Christ lui-même l'a enseignée. Il est encore très utile d'invoquer la Sainte Vierge et les Saints, parce qu'ils peuvent beaucoup nous aider par leur intercession.

XII. Jésus-Christ a institué les Sacrements pour nous donner sa grâce, en nous appliquant les mérites de ses souffrances et de sa mort ; il y en a sept : le Baptême, la Confirmation , la Pénitence , l'Eucharistie, l'Extrême-Onction, l'Ordre et le Mariage.

Il y en a trois qu'il est essentiel de connaître, savoir:

XIII. Le Baptême, sans lequel personne n'est sauvé. Tous peuvent baptiser, en cas de danger de mort; il faut pour cela verser de l'eau naturelle sur la tête ; elle doit couler sur la peau, et non pas seulement sur les cheveux, et la même personne dit au même moment qu'elle la verse : Je te baptise au nom du Père, et du Fils, et du Saint-Esprit. Le Baptême efface en nous le péché originel, nous donne la vie de la grâce, et nous fait enfant de Dieu et de l'Eglise.

XIV. Le Sacrement de Pénitence est établi pour remettre les péchés commis après le Baptême ; mais, pour en obtenir le pardon par ce Sacrement, il faut les confesser tous, du moins les mortels, sans en cacher un seul; avoir une très grande douleur de cœur d'avoir offensé Dieu; demander très instamment cette douleur à Dieu; être fermement résolu de ne les plus commettre, et d'en quitter les occasions ; enfin être décidé à faire les réparations et pénitences que le prêtre impose. Si une seule de ces dispositions manque, l'absolution reçue est un grand crime, de plus un sacrilège.

XV. L'Eucharistie est le plus auguste de tous les Sacrements, parce qu'il contient Jésus-Christ tout entier, vrai Dieu et vrai Homme, son corps, son sang, son ame et sa divinité;à la Messe, par la parole de la consécration que le prêtre prononce sur le pain, la substance du pain est changée au corps de Jésus-Christ, et il ne reste plus que les apparences du pain. Ainsi, lorsque le Saint-Sacrement est exposé sur l'Autel, ou lorsqu'il est dans le tabernacle, c'est Jésus-Christ réellement présent qu'on doit adorer, et quand on communie, c'est Jésus-Christ qu'on reçoit pour être la nourriture spirituelle de l'âme. Ce n'est pas son image, ni sa figure, comme sur un crucifix, mais c'est Jésus-Christ lui-même, c'est-à-dire le même Fils de Dieu, le même Jésus-Christ qui est né de la sainte Vierge Marie, qui est mort pour nous sur la Croix, qui est ressuscité, monté au Ciel, et qui est dans la sainte Hostie aussi véritablement qu'il est au Ciel. Pour bien communier il faut n'avoir sur la conscience aucun péché mortel ;

s'il y en avait un seul, on commettrait un énorme crime ! un sacrilége ; on mangerait et on boirait, dit saint Paul, son jugement et sa condamnation.

XVI. Il faut mourir ; le moment de notre mort est incertain ; de ce moment dépend notre bonheur ou notre malheur éternel : le Paradis ou l'Enfer sera notre partage pour toujours, selon l'état de grâce ou de péché où nous nous trouverons à la mort. Pensez-y bien.

Les principales vertus d'un chrétien sont : la Foi, l'Espérance et la Charité. 1° La foi est un don de Dieu par lequel nous croyons fermement toutes les vérités qu'il a révélées à son Eglise. 2° L'espérance est un don de Dieu par lequel nous attendons, avec confiance, le Ciel et les grâces pour y parvenir. 3° La Charité est un don de Dieu par lequel nous aimons Dieu par dessus toutes choses, pour l'amour de lui-même, et notre prochain, comme nous-mêmes, pour l'amour de Dieu.

Tout chrétien est obligé de faire des Actes de Foi, d'Espérance et de Charité, dès qu'il a l'usage de la raison, souvent pendant la vie et lorsqu'il est en danger de mort.

Voir les actes de Foi, d'Espérance, de Charité et de Contrition à la page 23.

CHEMIN DE LA CROIX

APPELÉ COMMUNÉMENT

VIA CRUCIS.

O Crux, ave, spes unica,	Je vous salue, Croix sainte,
Mundi salus et gloria :	mon unique espérance, la
Auge piis justitiam,	gloire et le salut du monde :
Reisque dona veniam.	que les justes trouvent en
	vous une augmentation de
	sainteté, et les pécheurs le
	pardon de leurs péchés.

LE PEUPLE. Vive Jésus, vive sa Croix !
Oh ! qu'il est bien juste qu'on l'aime,
Puisque en expirant sur ce bois,
Il nous aima plus que lui-même.
Disons donc tous à haute voix :
Vive Jésus, vive sa Croix.

PRIÈRE PRÉPARATOIRE

Que l'on doit faire au Maître-Autel.

O Jésus, notre aimable Sauveur ! nous voici humblement prosternés à vos pieds, afin d'implorer votre miséricorde pour nous et pour les ames des fidèles qui sont morts. Daignez nous appliquer à tous les mérites infinis de votre sainte Passion, que nous allons méditer. Faites que, dans cette voie de soupirs et de larmes où nous entrons, nos cœurs soient tellement contrits et repentants, que nous embrassions avec joie toutes les contradictions, les souffrances et les humiliations de cette vie.

Et vous, ô divine Marie ! qui la première nous avez enseigné à faire le chemin de la Croix, obtenez de l'adorable Trinité qu'elle daigne accepter, en réparation de tant d'injures qui lui sont faites, les affections de douleur et d'amour dont l'esprit vivificateur nous favorisera pendant ce saint exercice.

(En partant de l'Autel, deux Chantres entonnent le cantique suivant.)

SUR L'AIR : *Vous qui voyez couler mes larmes.*

Suivons sur la montagne sainte
Notre Sauveur sanglant défiguré,
Et marchons après lui sans crainte,
Sous le poids (*bis*) de l'arbre sacré.

Le peuple chante toujours, après le cantique, la strophe suivante du *Stabat Mater :*

Sancta Mater, istud agas, Crucifixi fige plagas, Cordi meo validè.	Mère sante, daignez opére en moi ce prodige, imprimez fortement dans mon cœur les plaies de Jésus crucifié.

LES CHANTRES REPRENNENT.

Seigneur, malgré votre innocence,
C'est moi, cruel, qui vous livre au trépas.
Se peut-il que votre vengeance
De ses traits (*bis*) ne m'accable pas ?

LE PEUPLE. Sancta Mater, etc. Voyez ci-contre.

✝

PREMIÈRE STATION.

V. Adoramus te, Christe, et benedicimus tibi.

R. Quia per sanctam Crucem tuam redemisti mundum.

V. Nous vous adorons, ô Jésus, et nous vous bénissons.

R. Parce que vous avez racheté le monde par votre sainte Croix.

Jésus est condamné à mort.

Considérons la soumission admirable de Jésus, lorsqu'il reçoit cette injuste sentence, et tâchons de bien nous persuader que ce ne fut pas seulement Pilate qui le condamna, mais nous tous ici présents, et tous les pécheurs de l'univers, qui demandaient sa mort. Disons-lui donc, pénétrés de la plus vive douleur :

O adorable Jésus ! puisque ce sont nos crimes qui vous ont conduit au trépas, faites que nous les détestions de tout notre cœur, afin que notre repentir et notre pénitence nous obtiennent pardon et miséricorde.

Pater noster, qui es in Cœlis, sanctificetur nomen tuum ; adveniat regnum tuum, fiat voluntas tua sicut in Cœlo et in terrâ ; panem nostrum quotidianum da nobis hodiè ; et dimitte nobis debita nostra ; sicut et nos dimittimus debitoribus nostris : et ne nos inducas in tentationem ; sed libera nos à malo. Amen.

Notre Père, qui êtes aux cieux, que votre nom soit sanctifié ; que votre règne arrive ; que votre volonté soit faite sur la terre comme au Ciel ; donnez-nous aujourd'hui notre pain de chaque jour ; pardonnez-nous nos offenses comme nous pardonnons à ceux qui nous ont offensés ; et ne nous laissez pas succomber à la tentation, mais délivrez-nous du mal. Ainsi soit-il.

Ave, Maria, gratiâ plena, Dominus tecum ; benedicta tu in mulieribus., et benedictus fructus ventris tui, Jesus.

Sancta Maria, Mater Dei, ora pro nobis peccatoribus nunc et in horâ mortis nostræ. Amen.

Gloria Patri, et Filio, et Spiritui Sancto, sicut erat in principio et nunc et semper, et in secula seculorum. Amen.

V. Miserere nostri, Domine.

R. Miserere nostri.

V. Fidelium animæ per misericordiam Dei requiescant in pace.

R. Amen.

Je vous salue, Marie, pleine de grâce, le Seigneur est avec vous ; vous êtes bénie par-dessus toutes les femmes, et Jésus le fruit de vos entrailles est béni.

Sainte Marie, Mère de Dieu, priez pour nous, pauvres pécheurs, maintenant et à l'heure de notre mort. Ainsi soit-il.

Gloire au Père, au Fils et au St-Esprit, comme dès le commencement, maintenant et toujours et dans les siècles des siècles. Ainsi soit-il.

V. Ayez pitié de nous, Seigneur.

R. Ayez pitié de nous.

V. Que par la miséricorde de Dieu, les ames des fidèles trépassés reposent en paix.

R. Ainsi soit-il.

LES CHANTRES EN ALLANT A LA STATION SUIVANTE.

Hélas ! sous cette Croix pesante,
Divin agneau, vous portez nos péchés :
C'est sur votre chair innocente
Que l'amour (bis) les tient attachés.

LE PEUPLE. Sancta Mater, etc. Voyez page 200.

V. Adoramus te, etc., page 201.

†

DEUXIÈME STATION.

Jésus est chargé de sa Croix.

Considérons avec quelle douceur notre divin Maître reçoit sur ses épaules meurtries et ensanglantées le terrible instrument de son supplice. C'est ainsi qu'il veut nous enseigner à porter notre croix, en acceptant, avec la plus grande résignation, les maux qui nous sont envoyés du Ciel, ou qui nous viennent de la part des créatures.

O doux Jésus ! ce n'était point à vous à porter cette Croix, puisque vous étiez innocent, mais à nous misérables pécheurs, chargés de toutes sortes d'iniquités. Donnez-nous donc la force de vous imiter, en supportant sans murmurer les revers et les disgrâces de cette vie, qui, dans l'ordre de votre Providence paternelle, doivent être pour nous l'occasion de satisfaire à votre justice et le moyen d'arriver à la céleste patrie.

Pater, Ave, Gloria, Miserere, Fidelium, etc., pag. 201.

LES CHANTRES. O Ciel ! le Dieu de la nature
   Tombe affaibli sous son cruel fardeau,
   Et sa perfide créature
   Sans pitié (*bis*) devient son bourreau.

LE PEUPLE. Sancta Mater, etc. Voyez page 200.

✝

TROISIÈME STATION.

Adoramus te, Christe, etc. Voyez page 201.

Jésus tombe sous le poids de sa Croix.

Considérons Jésus-Christ entré dans la route du Calvaire. Le sang qu'il avait répandu dans la flagellation et le couronnement d'épines l'a tellement affaibli, qu'il tombe sous son pesant fardeau, et ne se relève qu'après les outrages les plus sanglants, qu'il endure sans témoigner aucun sentiment d'indignation. Voilà comment il a voulu expier toutes nos chutes, et nous apprendre à nous relever par les austérités de la pénitence, quand nous avons eu le malheur de tomber dans l'abîme du péché.

O bon Jésus ! tendez-nous une main secourable au milieu de tant de dangers auxquels nous sommes exposés. Daignez nous fortifier dans nos faiblesses, afin qu'après vous avoir suivi courageusement sur le Calvaire, nous puissions y goûter les fruits délicieux de l'arbre de vie, et devenir éternellement heureux avec vous.

Pater, Ave, Gloria, Miserere, Fidelium, etc., pag. 201.

LES CHANTRES. Où allez-vous, divine Mère ?
Où allez-vous, Marie ? Ah ! je frémis :
Bientôt, sur ce triste Calvaire,
Va mourir (*bis*) votre aimable Fils.

LE PEUPLE. Sancta Mater, etc. Voyez page 200.

✝

QUATRIÈME STATION.

V. Adoramus te, Christe, etc. Voyez page 201.

Jésus rencontre sa très sainte Mère.

Considérons combien il fut douleureux pour ce divin Fils, de voir cette mère chérie dans ces circonstances si cruelles, et pour Marie, de voir son aimable Fils traîné inhumainement par une troupe de scélérats, au milieu d'un peuple innombrable qui le charge d'injures. A cette vue, son cœur maternel est percé de mille glaives, et est livré à toutes les angoisses. Elle voudrait délivrer notre Sauveur, et l'arracher des mains de ses bourreaux ; mais elle sait qu'il faut que notre salut s'opère ainsi. Unissant donc le sacrifice de son amour à celui de son Fils, elle partage toutes ses souffrances, et s'attache à lui jusqu'au dernier soupir.

O Marie, Mère de douleur ! obtenez-nous cet amour ardent avec lequel vous accompagnâtes Jésus-Christ sur la montagne sainte, et cette fermeté que vous fîtes paraître au pied de la Croix, afin que nous demeurions constamment avec vous, et que rien puisse jamais nous en séparer.

Pater, Ave, Gloria, Miserere, Fidelium, etc., pag. 20

LES CHANTRES. Puisque c'est moi qui suis coupable,
Retirez-vous, faible Cyrénéen ;

Je veux seul, ô croix adorable !
Vous porter (*bis*) mais en vrai chrétien.
LE PEUPLE. Sancta Mater, etc. Voyez page 200.

✝

CINQUIÈME STATION.

V. Adoramus te, Christe, etc. Voyez page 201.

Simon le Cyrénéen aide Jésus à porter sa Croix.

Considérons la grande bonté de Jésus-Christ envers nous. S'il permet qu'on lui aide à porter sa Croix, ce n'est pas qu'il manque de force, étant celui qui soutient l'univers; mais il veut nous enseigner à unir nos souffrances aux siennes, et à partager avec lui son calice d'amertume.

O Jésus, notre Maître ! vous en avez bu le plus amer, et vous ne nous en avez laissé que la plus petite partie. Ne permettez pas que nous soyons assez ennemis de nous-mêmes pour la refuser. Faites, au contraire, que nous l'acceptions volontiers, afin de nous rendre dignes de participer aux torrents de délices dont vous enivrez vos élus dans la terre des vivants.

Pater, Ave, Gloria, Miserere, Fidelium, etc. page 201.

LES CHANTRES. Seigneur, hélas ! qu'est devenue
Votre beauté qui réjouit les saints !
Faibles mortels, à cette vue,
Serez-vous (*bis*) endurcis et vains ?

LE PEUPLE. Sancta Mater, etc. Voyez page 200.

✝

SIXIÈME STATION.

V. Adoramus te, Christe, etc. Voyez page 201.

Une femme pieuse essuie la face de Jésus-Christ

Considérons l'action héroïque de cette sainte femme qui s'avance à travers la foule des soldats pour voir son divin Maître. Elle l'aperçoit tout couvert de crachats, de poussière, de sueur et de sang. Un tel spec-

6.

tacle attendrit son ame jusqu'aux larmes, et son amou
la mettant au-dessus de toute crainte, elle s'approch
de Jésus, essuie ce visage défiguré, cette auguste [fa
qui ravit tous les saints, devant laquelle les Anges
couvrent de leurs ailes, ne pouvant en soutenir l'écla

O Jésus, le plus beau des enfants des hommes! e
quel état vous a réduit votre amour pour nous! Nor
jamais vous n'avez été plus digne de nos adorations
de nos hommages. Nous vous adorons donc; et, pro
ternés devant votre divine Majesté, nous vous su
plions d'oublier toutes nos offenses, et de rendre
notre ame son ancienne beauté qu'elle a perdue p
le péché.

Pater, Ave, Gloria Miserere, Fidelium, etc., page 20

LES CHANTRES.   Sous les coups des bourreaux perfide
   Jésus-Christ tombe une seconde fois;
   Et ces infâmes déicides
   Le voudraient (bis) déjà sur la croix.
LE PEUPLE. Sancta Mater, etc. Voyez page 200.

✝

SEPTIÈME STATION.

V. Adoramus te, Christe, etc., page 201.

Jésus tombe à terre pour la seconde fois.

Considérons l'Homme-Dieu succombant de rech
Contemplons cette sainte victime étendue par te
sous le faix horrible du bois de son sacrifice, expo
de nouveau à la cruauté des soldats et de ses meurtrie
C'est encore pour nous donner des preuves de son amo
infini, que Jésus-Christ permet cette seconde chu
Il veut aussi nous montrer par là que, retombant
souvent dans le péché, nous ne devons néanmoins
mais perdre confiance, mais tout espérer de sa mi
ricorde; et qu'au milieu des plus grandes afflictioi
il ne faut pas se laisser aller au découragement;
la voie du ciel est semée de ronces et d'épines; q
pour être gtorifié, il faut auparavant passer pai
creuset des souffrances.

O Jésus, notre force ! préservez-nous de toute re-
chute ; et ne permettez pas que nous ayons le malheur, en nous perdant, de rendre inutiles tant de fa-
tigues et de peines que vous avez endurées pour nous
délivrer de la mort éternelle.

Pater, Ave, Gloria, Miserere, Fidelium, etc., page 201.

LES CHANTRES. Ne pleurez point sur mes souffrances :
Pleurez sur vous, ô filles d'Israël !
Afin que le Dieu des vengeances
Ait pour vous (*bis*) un cœur paternel.

LE PEUPLE. Sancta Mater, etc. Voyez page 200.

†

HUITIÈME STATION.

Adoramus te, Christe, etc., page 201.

Jésus console lès filles d'Israël qui le suivent.

Admirons ici la générosité incomparable de Jésus-
Christ. Il oublie, pour ainsi dire, ses propres souffrances, afin de ne s'occuper que de celles des saintes
femmes, et de leur procurer les consolations dont elles
avaient besoin dans le grand abattement où son état
déplorable les avait jetées. En leur recommandant de
ne point pleurer sur lui, mais plutôt sur elles-mêmes
et sur leur perfide patrie, il nous fait sentir que son
cœur serait peu sensible à notre compassion, si
nous ne commencions par pleurer nos péchés, qui
sont la seule cause de ses douleurs.

O aimable Jésus ! vrai consolateur des ames affligées,
daignez jeter sur nous des regards de tendresse et de
miséricorde : faites-nous la grâce de vous accompa-
gner constamment dans le Chemin de la Croix, avec
les filles de Jérusalem, afin d'y entendre comme elles
des paroles de vie et d'y jouir de vos ineffables consolations.

Pater, Ave, Gloria, Miserere, Fidelium, etc., page 201.

LES CHANTRES. Seigneur, vous tombez de faiblesse :
N'êtes-vous plus le Dieu puissant et fort?

C'est le péché qui vous oppresse,
Et conduit (*bis*) vos pas à la mort.

LE PEUPLE. Sancta Mater, etc. Voyez page 200.

Voyez page 200.

✝

NEUVIÈME STATION.

Adoramus te, Christe, etc. Voyez page 201.

Jésus tombe pour la troisième fois.

Considérons l'adorable Jésus arrivé au sommet du Calvaire. Il jette alors ses regards sur le lieu où il va bientôt être sacrifié à la fureur de ses ennemis. Ce qui l'occupe en ce moment, ce sont nos chutes sans fin, et l'inutilité de son sang pour le grand nombre des pécheurs. Cette pensée cruelle le consterne et afflige son tendre cœur, plus que tous les supplices qu'il doit encore souffrir. Elle jette son ame dans une profonde tristesse et dans un si cruel abattement, que ses forces venant à lui manquer comme dans son agonie, il se laisse aller la face contre terre.

O Jésus, victime d'amour! voici donc que vous allez être immolé pour le salut des hommes. Daignez nous appliquer les mérites de votre sacrifice dans le temps, afin que nous puissions vous offrir le sacrifice de nos louanges pendant l'éternité.

Pater, Ave, Gloria, Miserere, Fidelium, etc., page 201.

LES CHANTRES.   Venez, et déployez vos ailes,
   Anges du Ciel, sur votre Créateur;
   Voilez ses blessures cruelles,
   Et ce corps (*bis*) navré de douleurs.

LE PEUPLE. Sancta Mater, etc. Voyez page 200.

✝

DIXIÈME STATION.

V. Adoramus te, Christe, etc. Voyez page 201.

Jésus est dépouillé de ses vétements.

Considérons combien fut grande la douleur de Jésus-

Christ, lorsque les bourreaux lui arrachèrent ses habits. Toutes les plaies qu'il avait reçues, et qui avaient collé sa robe contre sa chair sacrée, se rouvrirent en ce moment., pour lui faire souffrir à la fois tous les tourments de la flagellation. Mais ce qui lui fut encore bien plus sensible, c'était de se voir exposé tout nu à la vue d'une foule immense de spectateurs.

O Jésus, divin Agneau ! vous voilà donc parvenu au lieu de votre supplice, sans que vous ayez ouvert la bouche pour vous plaindre ! Ah ! que votre silence est éloquent et énergique ! Avec quelle force ne nous prêche-t-il pas la nécessité de réprimer nos impatiences et nos murmures ! Vous vous laissez encore dépouiller de vos vêtements, pour expier le malheur que nous avons eu de perdre le don précieux de la grâce. Daignez donc nous le faire recouvrer, et nous dépouiller entièrement du vieil homme, afin que nous ne vivions plus que selon les sentiments de votre cœur adorable.

Pater, Ave, Gloria, Miserere, Fidélium, etc., pag. 201.

LES CHANTRES. Que faites-vous , peuple barbare ?
    Vous allez donc consommer vos forfaits ?
    Ce bois est le lit qu'on prépare
    A Jésus (*bis*) pour tant de bienfaits.

LE PEUPLE. Sancta Mater, etc. Voyez page 200.

Voyez page 201. Voyez page 200.

✝

ONZIÈME STATION.

Adoramus te, Christe, etc. Voyez page 201.

Jésus est attaché à la Croix.

Considérons Jésus-Christ s'offrant à ses bourreaux pour être crucifié, et s'étendant lui-même sur l'arbre de la croix. Quel tourment ne dut-il pas endurer, dans le temps que les coups de marteau enfonçaient les clous dans ses pieds et dans ses mains adorables ! Alors sa chair se déchire, ses os se froissent, ses nerfs se rompent, ses veines se brisent : le sang coulant à grands flots, épuise ses forces, et ajoute à de si horribles supplices, celui de la soif la plus ardente.

O péché, maudit péché! c'est toi qui fus la cause de cette mer de douleurs dans laquelle nous contemplons la victime de notre salut! Ah! chrétiens, quel excès d'amour! quel immense charité! Qu'à cette vue nos cœurs se déchirent et s'embrâsent. Qu'ils renoncent à tous les plaisirs de la terre. Qu'ils soient sans cesse crucifiés avec celui de Jésus, et que nos yeux versent jour et nuit des torrents de larmes.

Pater, Ave, Gloria, Miserere, Fidelium, etc., pag. 201.

LES CHANTRES. Le soleil, à ce crime horrible,

Voile l'éclat de son front radieux,
Et la créature insensible
Ne peut voir (bis) ce spectacle odieux.

LE PEUPLE. Sancta Mater, etc. Voyez page 200.

✝

DOUZIÈME STATION.

V. Adoramus te, Christe, etc. Voyez page 201.

Jésus meurt sur la Croix.

Considérons Jésus, le Dieu de toute sainteté, expirant entre deux scélérats; admirons la douceur et la force de son amour. Il demande à son Père le pardon de ses bourreaux; il promet sa gloire au bon larron; il recommande sa Mère au disciple bien-aimé; il remet son ame entre les mains de son Père; il annonce que tout est consommé, et il expire pour nous. Dans le même instant, toutes les créatures publient sa divinité. La nature entière s'attriste et semble vouloir s'anéantir, en voyant expirer son Créateur.

O pécheurs! n'y aura-t-il que vous qui demeurerez insensibles à ce spectacle si attendrissant? Jetez un regard sur votre Sauveur; voyez l'état affreux où vos crimes l'ont réduit. Il vous pardonne cependant, si votre repentir est sincère: il a ses pieds attachés pour vous attendre; ses bras étendus pour vous recevoir, son côté ouvert et son cœur blessé pour répandre sur vous toutes ses grâces ; sa tête penchée pour vous donner le baiser de paix et de réconciliation. Accourons donc tous auprès de sa Croix, et mourons pour lui, puisqu'il est mort pour nous.

Pater, Ave, Gloria, Miserere, Fidelium, etc., pag. 201.

LES CHANTRES. Le voilà donc, Mère affligée,
  Ce tendre Fils meurtri, sacrifié ;
  Notre victime est immolée,
  Votre amour (*bis*) est crucifié.

LE PEUPLE. Sancta Mater, etc. Voyez page 200.

✝

TREIZIÈME STATION.

V. Adoramus te, Christe, etc. Voyez page 201.

Jésus est déposé de la Croix et remis à sa Mère.

Considérons la douleur extrême de cette tendre Mère après la mort de Jésus, son divin Fils. Elle reçoit ce précieux dépôt entre ses bras ; elle contemple son visage pâle, sanglant et défiguré ; elle voit ses yeux éteints, sa bouche fermée, son côté ouvert, ses mains et ses pieds percés. Cette vue est pour elle un martyre ineffable, et dont Dieu seul peut connaître tout le prix.

Ô Marie ! c'est nous qui sommes la cause de votre affliction et ce sont nos péchés qui ont transpercé votre ame en attachant Jésus-Christ à la Croix. Daignez, ô Mère de miséricorde ! obtenir notre pardon, et nous permettre d'adorer dans vos bras notre amour crucifié. Imprimez tellement dans nos ames les douleurs que vous ressentîtes au pied de la Croix, que nous n'en perdions jamais le souvenir.

Pater, Ave, Gloria, Miserere, Fidelium, etc., pag. 201.

LES CHANTRES. Près de cette tombe chérie,
  Je veux mourir de douleur et d'amour,
  Pour y puiser une autre vie
  Et voler (*bis*) au divin séjour.

LE PEUPLE. Sancta Mater, etc. Voyez page 200.

✝

QUATORZIÈME STATION.

V. Adoramus te, Christe, etc. Voyez page 201.

Jésus est mis dans le Sépulcre.

Voici donc, Jésus, notre cher Rédempteur, voici donc où repose votre corps adorable, le précieux gage de notre salut. Faites que notre plus grande consolation, dans cette vallée de larmes, soit de nous occuper des supplices et de la mort ignominieuse que vous avez endurés pour nous racheter. Et parce que vous n'avez voulu être placé dans un sépulcre nouveau, que pour nous faire connaître que c'était avec un nouveau cœur que nous devions nous rapprocher de vous dans le Sacrement de votre amour, daignez nous purifier de toutes nos taches, et nous rendre dignes de nous asseoir souvent à votre sacré banquet. Ensevelissez dans ce même tombeau toutes nos iniquités et nos convoitises, afin que, mourant à nos passions et à toutes les choses d'ici-bas, pour mener avec vous une vie cachée en Dieu, nous méritions de faire une fin heureuse et de vous contempler à découvert, dans la splendeur de votre gloire.

Pater, Ave, Gloria, Miserere, Fidelium, etc., pag. 201.

(En retournant à l'Autel.)

LES CHANTRES. Seigneur, dans votre ame attendrie,
Gravez les maux qu'on vous a fait souffrir;
Et vous, ô divine Marie !
Hâtez-vous (*bis*) de nous secourir.

LE PEUPLE. Sancta Mater, etc. Voyez page 200.

———o o———

TABLE DES CANTIQUES.

FIN DE LA TABLE DES CANTIQUES.